Mania Thebaia
Der thebanische Zyklus

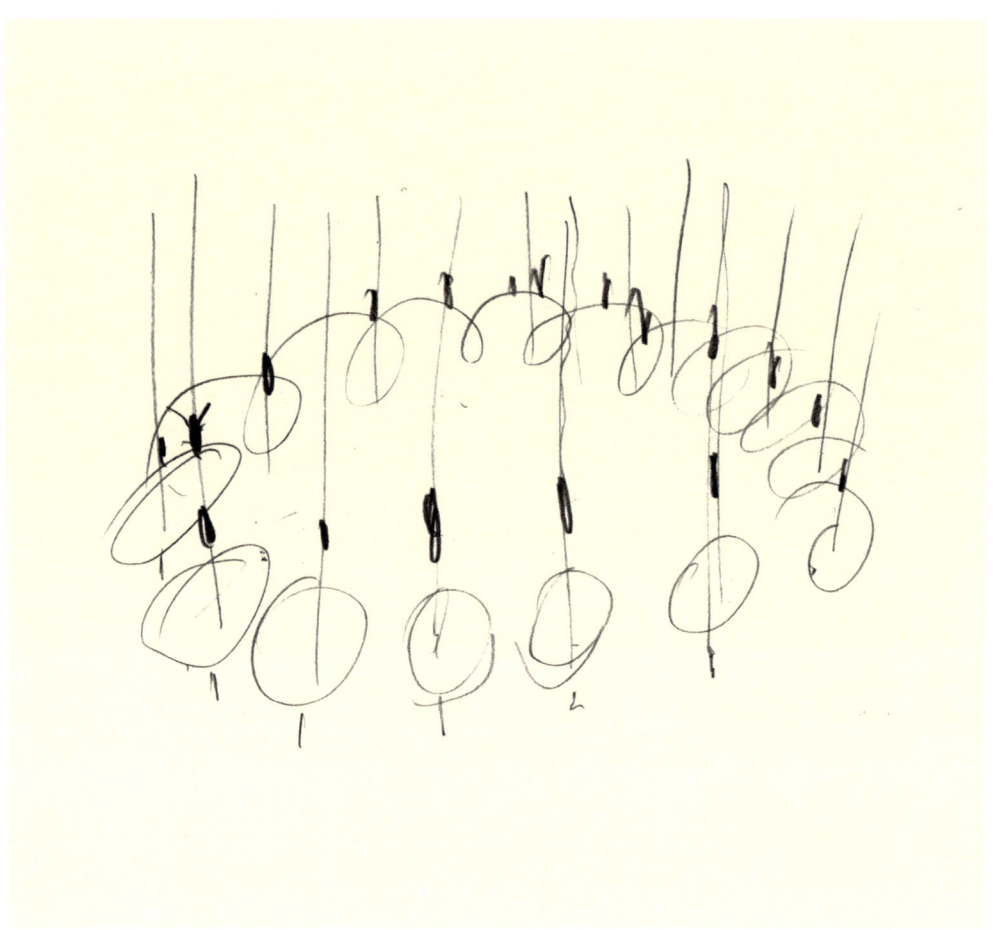

Jannis Kounellis, Skizze zum Raum für den thebanischen Zyklus

Mania Thebaia
Der thebanische Zyklus

Die Bakchen
König Ödipus
Sieben gegen Theben
Antigone

Herausgegeben von
Wolfgang Storch

Texte von
Etel Adnan
Jan Assmann
Anna Badora
Valery Fokin
Jannis Kounellis
Frank Raddatz
Wolfgang Storch
Tadashi Suzuki
Theodoros Terzopoulos
Manfred Weber

inszeniert von

Theodoros Terzopoulos
Tadashi Suzuki
Valery Fokin
Anna Badora

Zeichnungen von
Jannis Kounellis

Photographien von
Manolis Baboussis
Johanna Weber

in einem Raum von

Jannis Kounellis

Düsseldorfer Schauspielhaus
Richter Verlag

Wir danken

Cultural Olympiad 2001-2004
Hellenic Cultural Heritage S.A.

und unseren Medienpartnern

RHEINISCHE POST

Inhalt

Anna Badora	6	Danksagung
Wolfgang Storch	7	Vorwort
Wolfgang Storch	9	Neve a Thebe Brief an Theodoros Terzopoulos
Jan Assmann	34	Ägypten Theben Griechenland
Etel Adnan	39	Denn der ist gefährlich, der die Götter ehrt
Jannis Kounellis	49	Gespräch mit Frank Raddatz über die griechische Tragödie
Wolfgang Storch	57	Schiff und Kathedrale, Brunnen und Chor Brief an Jannis Kounellis
Theodoros Terzopoulos	79	Der Chor, Körper und Sprache Die Arbeit an den "Bakchen"
Tadashi Suzuki	89	Zu "König Ödipus"
Valery Fokin	97	Zu "Sieben gegen Theben"
Anna Badora	105	Gespräch mit Manfred Weber Der Chor der "Antigone"
Frank Raddatz	113	Mania Thebaia
	117	Die Besetzungen der vier Inszenierungen

Anna Badora

Danksagung des Düsseldorfer Schauspielhauses

Das Projekt „Mania Thebaia" des Düsseldorfer Schauspielhauses gleicht einer Reise in unbetretene Landschaften. Sie begann mit einer kleinen Expedition nach Theben. Von Station zu Station kamen immer mehr Menschen hinzu, die diese Reise bis zur Vollendung des Zyklus ermöglicht und begleitet haben.

Wir danken herzlich den Künstlern, den Technikern und allen Mitarbeitern unseres Hauses, die den Zyklus durch ihren großen Einsatz realisiert haben.

Unser besonderer Dank gilt:

Michelle Coudray, die die Arbeit ihres Mannes Jannis Kounellis tatkräftig und hilfreich begleitet hat;

Manuela Pavlidou, Hellenic Cultural Heritage S.A., Cultural Olympiad 2001-2004, für die Kooperation;

Prof. Dr. jur. Dimitris Tsatsos, Professor für Völkerrecht und Abgeordneter des Europa-Parlamentes, für seine juristische und diplomatische Hilfe;

Ilse Brusis, Präsidentin der Stiftung Kunst und Kultur des Landes Nordrhein-Westfalen, für die ideelle und finanzielle Unterstützung;

Hans Schwarz, Vorstandsvorsitzender der Stadtsparkasse Düsseldorf, für die großzügige Förderung;

Martina Waetermans, Leiterin Kunst- und Kulturstiftung der Stadtsparkasse Düsseldorf, für die besondere Förderung; dem

Goethe-Institut Athen, seinem Direktor Dr. Horst Deinwallner, dem Programmdirektor Dr. Georg M. Blochmann und Dr. Andrea Schellinger, für die vielfältige Unterstützung in Griechenland;

Fotini Mavromati, der Kulturjournalistin in Berlin, für ihre Beratung;

Günther Spohr, der als technischer Produktionsleiter die einzelnen Schritte der technischen Umsetzung koordiniert hat;

Winfried Blank, Geschäftsführer der TON-ART AG, der die akustische Ausrüstung der Industriehalle besorgt hat;

Michael Bartsch, Vertriebsleiter Köln der Sennheiser Vertriebs GmbH, für die Unterstützung bei der akustischen Einrichtung.

Wolfgang Storch

Vorwort

Das Projekt „Mania Thebaia" des Düsseldorfer Schauspielhauses vereinigt vier Tragödien zu einem Thebanischen Zyklus. Vier Regisseure aus vier verschiedenen Ländern antworten mit ihren Inszenierungen auf den Zustand unserer Welt. In einem Theaterraum, den Jannis Kounellis in einer Industriehalle im Osten von Düsseldorf errichtet hat. Theodoros Terzopoulos, Leiter des Attis Theaters Athen und Chairman von Theatre Olympics, inszeniert *Die Bakchen*. Tadashi Suzuki, für den seine Geburtsstadt das Shizuoka Performing Arts Center eingerichtet hat, ist der Regisseur von *König Ödipus*. Valery Fokin, Direktor des Meyerhold Center in Moskau, führt *Sieben gegen Theben* auf. Anna Badora, in Polen geboren, als Generalintendantin des Düsseldorfer Schauspielhauses die Gastgeberin, zeigt *Antigone*.

Aischylos hatte eine Thebanische Trilogie mit einem Satyrspiel geschrieben, erhalten geblieben ist nur das dritte Stück *Sieben gegen Theben*. Auf Aischylos antwortete Sophokles, auf Sophokles wiederum Euripides. Tragödien, die einander herausgefordert haben. Es gibt keine einheitliche Erzählstruktur – wohl aber eine genaue Kenntnis von einander. Ein Mythos muß immer neu erzählt werden. Er ist ein Instrument, um die Gegenwart zu befragen.

Folgt man der Entstehung der vier Tragödien, dann ergibt sich die Abfolge: *Sieben gegen Theben* – 467 v. Chr. von Aischylos aufgeführt, *Antigone* – wohl 442 und *Ödipus* – wohl 429 von Sophokles aufgeführt, *Die Bakchen* – von Euripides geschrieben, nachdem er Athen 408 verlassen hatte und nach Makedonien gegangen war, aufgeführt nach seinem Tode 406. Ein Zeitraum von 60 Jahren – von der Manifestation der jungen Demokratie in Athen nach dem Sieg über die Perser bis zur Niederlage Athens im Peloponnesischen Krieg. Die Tragödien von Sophokles und Euripides sind geschrieben gegen die Aushöhlung der Demokratie in Athen. Die Geschichte des feudalen Theben, für die Athener tausend Jahre zurückliegend wie für uns das Mittelalter, wurde durch die Tragödien zum Spiegel. Für die aktuellen Konflikte schufen die Tragiker Bilder virulenter Konstellationen, die sich in ihrer

Eigendynamik bis zur Katastrophe steigern. Die Tragödien eröffneten einen Denkraum.

Einen Denkraum für uns. Hier ist nichts zu beweisen, sondern alles zu entdecken. An welchem Punkt zwischen dem Glück, die Demokratie erworben zu haben, wie sie Aischylos feiert, und der Bilanz ihres Verlustes, die Euripides ziehen musste, stehen wir heute. Die sehr verschiedenen Vorgehensweisen der drei Tragiker ermöglichen ein immer anderes Eindringen in unsere Gegenwart.

Einer Gegenwart, die sich nicht mehr bestimmen lässt nach dem Zustand eines Landes, sondern die sich aus Entwicklungen formt, die weltweit wirken, sich in Konflikten manifestiert, die unterschiedliche Veranlassungen haben und sich in Kriegen austragen, die diese Konflikte niemals lösen können, aber alle Länder betreffen.

Antworten auf die tragischen Mythen, die sich in unsere Geschichte, in die westliche Kultur eingeschrieben haben. Sie begleiten die Biographie jedes einzelnen. Vertraut und vergessen. Sie tauchen auf und sind anders, als die Erinnerung es wissen wollte. Jetzt zeigen sie sich in einem Konzert: vier Wege, die Tragödie heute zu verstehen, auf der Suche nach einer Sprache.

Kounellis baute einen Theaterraum in eine Industriehalle, die vor dem Abriss steht. Die alten Fabrikhallen versteht er als Zentrum der Arbeit, einer sichtbaren Arbeit im Gegensatz zu den heutigen Fabriken. Als sichtbares Zeichen waren sie im Ruhrgebiet einmal gedacht und gebaut worden – ein Zentrum für das Volk, in einem Einverständnis für die zu leistende Arbeit. Sie können für die dramatische Kunst und durch sie wiedergewonnen werden – als ein Zentrum, um für die Gesellschaft heute, die kein Zentrum mehr kennt, ein Maß zu setzen, hier die dialektische Kraft der Tragödie wieder fruchtbar zu machen.

Seinen Theaterraum versteht Kounellis als Brunnen. Aus dem die Vergangenheit aufsteigt. So begreift er das Theater von Epidauros. Die Orchestra des griechischen Theaters jetzt als Brunnen in einer Halle: mit einem Durchmesser von 23 Metern umstellt von 24 Disken. Der Kreis der Disken bildet selbst einen Chor und schafft einen Raum, der keinen Palast kennt, keine Zentralperspektive, keine Ausrichtung auf die Macht. In diesem Sinn ist der Theaterraum von Kounellis ein Innenraum. Die Zuschauer sitzen auf zwei Tribünen außerhalb des Kreises. Der Brunnen, in den sie hinein blicken, ist fremd, als Denkraum ihr eigener Innenraum.

Kounellis thematisierte den Chor als Raum. Für die vier Regisseure wurde der Chor zum Ansatz ihrer Inszenierungen. In der Ausarbeitung folgten sie, die aus vier verschiedenen Kulturen kommen, ihrer eigenen Formensprache. Herausgefordert durch die griechische Tragödie zeigen sich vier Kulturen in ihrem Selbstverständnis und antworten aufeinander.

Juni 2002

Wolfgang Storch
Brief an Theodoros Terzopoulos
Mai 2001

Neve a Thebe

Als das Düsseldorfer Schauspielhaus im Herbst 1999 begann, einen Zyklus griechischer Tragödien vorzubereiten, wurden Jannis Kounellis und vier Regisseure um ihre Mitarbeit gefragt: Theodoros Terzopoulos für Die Bakchen *von Euripides, Jürgen Gosch für* Ödipus tyrannos *und* Ödipus auf Kolonos *von Sophokles, Valery Fokin für* Sieben gegen Theben *von Aischylos, Matthias Langhoff für* Antigone *von Sophokles. Terzopoulos und das Europäische Kulturzentrum Delphi luden die Beteiligten im März 2000 zu einer Reise nach Delphi und Theben ein.*

Lieber Theodoros Terzopoulos,

Du hast uns nach Delphi, Theben und Athen geführt. Wir sollten erfahren, was uns in der Arbeit an den thebanischen Tragödien zusammenführt. Keine Priesterin, wir selbst sollten uns Antwort geben. Was ist uns Theben? Was heißt es, *Die Bakchen, Ödipus tyrannos / Ödipus auf Kolonos, Sieben gegen Theben* und *Antigone* heute als Zyklus aufzuführen?

Fünf Stücke – geschrieben von den drei großen Tragikern zu verschiedenen Zeiten aus immer anderer Veranlassung. Wie fügen sich die Tragödien in ihrer unterschiedlichen Durchführung der thebanischen Mythen zueinander, wie verändern sie sich in der Abfolge? Aufgeführt in einer Halle, die Jannis Kounellis zum Raum machen wird. Inszeniert von vier Regisseuren. Jeder einzelne auf der Suche.

Vier Stücke, deren Ort Theben ist, – und kein gemeinsamer Titel: Die Thebanischen Tragödien, Der Theben-Zyklus, Die Geschichte der Stadt Theben, oder *Ödipodeia* – wie das verlorene Epos hieß, das im homerischen Stil von der Geschichte der Stadt berichtete, oder *Thebais* – das ebenfalls verlorene, die Ödipodeia fortsetzende Epos. Wie hieß die Tetralogie des Aischylos, von der nur das dritte Stück, *Sieben gegen Theben,* erhalten blieb, verloren *Laios, Ödipus* und das Satyrspiel von der Sphinx?

Wir kamen nach Delphi, als dort die drei Wintermonate währende Herrschaft des Dionysos zu Ende ging, vor der Rückkehr des Apollon. Zuerst führtest Du uns durch das Museum vor die Sphinx der Naxier. Schlank hockt sie auf dem Rest einer ionischen Säule, die Vorderbeine aufgerichtet, in Erwartung des Mannes, der vor sie tritt: ein Mädchengesicht, lächelnd, als wäre ihr Gesang zu hören, die Brust gepanzert, der Körper ein Löwe mit mächtigen Flügeln. Sie fragt nach dem Tier, das der Mensch ist. Sie fragt die jungen Männer, die in ihrem Aufbruch die Kindheit vergessen haben und noch nichts wissen von der Bedürftigkeit des Alters. Wie ein Adler wird sie herabstürzen auf den, der ihr nicht antworten kann, ihn greifen und als Beute hinwegtragen. Ein Wesen, das nicht Mensch werden kann, und nach dem Menschsein fragt. Oder ein Wesen, das nicht Mensch werden will, die Menschen haßt, das Mädchengesicht die Maske, der Gesang die Falle, das die Männer tötet, die nicht verstehen, Mensch zu werden und das Tier in sich zu erkennen.

Die Mutter der Sphinx war, wie sie Hesiod beschrieb, „die göttliche, wilde Echidna":

> Halb ein äugelndes Mädchen im Schmucke rosiger Wangen,
> Halb eine greuliche Schlange, entsetzenerregend und riesig,
> Farbenbunt, gefräßig, im Schoß der heiligen Erde.

Mit Echidna zeugte der hundertköpfige Drache Typhon die Hunde Orthos, zweiköpfig, und Kerberos, dreiköpfig, die Hydra, neun Köpfe, und die Chimaira mit den drei Köpfen von Löwe, Schlange und Ziege, und andere Ungeheuer. „Hörig dem Orthos in Liebe", ihrem erstgeborenen Sohn, empfing Echidna eine Tochter, die Sphinx: Phix genannt, „dem kadmeiischen Volke zum Unheil". Typhon, den Großvater und Stiefvater der Sphinx, erschlug nach langen Kämpfen Zeus. Ihren Vater und Bruder Orthos, der die roten Rinder des Riesen Geryon bewachte, erschlug Herakles.

Zehn Meter hoch hockte die Sphinx auf einer Säule unterhalb des Apollon-Tempels. In eine Position gesetzt parallel zu der Pythia im Tempel: auf derselben Höhe, die gleiche Blickrichtung. Die Sphinx harrte vor dem Tempel, damit der sein Schicksal Befragende die Frage nach der Gattung nicht vergißt. In Stein gebannte Erinnerung als Mahnung. Wenn die Gattung ihr Wissen von sich selbst verliert, kehrt die Sphinx zurück. Über dem Eingang des Tempels stand eingemeißelt: „Erkenne dich selbst!". Bevor der Eintretende seine Frage an die Pythia stellen konnte, wurde er konfrontiert mit der Aufforderung, sich selbst zu befragen.

Aus den erhaltenen Versen des Satyrspieles von Aischylos über die Sphinx müssen wir etwas gewinnen, sagtest Du, wir brauchen ein Satyrspiel. Aber es gibt nur zwei Verse:

> Und für den Gast den Kranz, den altgewohnten Kranz,
> Der Fesseln allerbeste nach Prometheus' Wort.

Mit einem Weidenkranz hatte Zeus den befreiten Prometheus zum Zeichen der Versöhnung gekrönt. Wer ist der Gast, der jetzt den Weidenkranz erhalten soll? Wie kehrte die besiegte Sphinx zurück nach dem Tod der Brüder Eteokles und Polyneikes, nach *Sieben gegen Theben*?

Droysen nahm an: „Wenn es ein wesentliches Moment in der diesem Satyrspiel vorausgehenden Trilogie war, daß die Sphinx, nachdem ihr Rätsel gelöst war, sich in den Abgrund stürzte, so wird sie nachträglich wohl nicht wieder aufgewacht sein, um eine Rolle zu spielen. Wohl aber mag irgendwer, der dort in der Felsenschlucht ihren Balg gefunden, sich damit behangen haben, um als ‚Fürstin des Verderbens' ehrbare Wandrer in Schrecken und Contribution zu setzen. Daß es zunächst die thörichten Satyrn sind, denen dergleichen angethan wird, darf man wenigstens vermuthen. Aber wer da weiter mitgespielt hat und was weiter geschehen ist, darüber fehlt jede Andeutung." War der Weidenkranz ein Zeichen der Versöhnung zwischen Zeus und Prometheus und damit zwischen Zeus und den Menschen, so wird der Kranz jetzt, einem Satyr aufs Haupt gesetzt, ein Zeichen gewesen sein, daß mit dem Ende der Brüder Eteokles und Polyneikes im Zweikampf, mit dem Ende des Fürstengeschlechtes von Kadmos und der Drachensaat ein Zeitalter zu Ende gegangen ist. Erfüllt ist, was Apollon durch die Pythia Laios hat wissen lassen, er dürfe, wolle er seine Stadt retten, keine Kinder haben. Zu Ende die Zeit der Clans. Die Clowns betrachten, was da war.

Heiner Müller hatte eine andere Vorstellung von der Rückkehr der Sphinx. Er notierte:

> Die Wiederkehr der Sphinx
> klettert
> (Sie arbeitet sich aus der Schlucht
> herauf + nimmt am Schluß den
> leeren Thron von Theben ein)
>   kehrte   zurück
> (... kam die Hydra / in das aufatmende Theben)

Eine Notiz zu dem Stückprojekt „DOPPELKOPF EIN FEINDBILD" Capricho nach Äschylos in Goyas Manier", eine „Übermalung" von *Sieben gegen Theben*. Nach dem Einzug der fünf Bruderarmeen in Prag 1968 hatten Matthias Langhoff und Manfred Karge *Sieben gegen Theben* am Berliner Ensemble inszeniert, auch übersetzt – ohne den Schlußauftritt von Antigone und Ismene. Seitdem war Heiner Müller mit dem Stück beschäftigt. Die Brüder Eteokles und Polyneikes das Muster, das er in der deutschen Geschichte immer wieder aufspürte. Die Urform, Arminius und Flavius streitend, die Weser zwischen ihnen, mit Rom oder gegen Rom – dies Muster führte er in seinen Stücken immer weiter aus, bis hin zu Hitler und Stalin, dem Bild der Selbstzerstörung der linken Energien.

1990 hatte Heiner Müller „DOPPELKOPF EIN FEINDBILD" für das Festival von Avignon konzipiert. In drei Teile gegliedert: „1 Das Testament des Ödipus. (Ein Brettspiel) 2 Die Austreibung (Ein Schnittmusterbogen) 3 Die Heimkehr Rückkehr des Unaussprechlichen". Doch nur den ersten Teil führte er aus: ein Jahr später für Matthias Langhoffs Inszenierung von *Ödipus Tyrann* in Barcelona.

Auf einem „Teiresias" überschriebenen Blatt steht:

> Als ich umherging wild
> Im Glanz meiner Brüste
> Ich Hure von Theben
> [durchgestrichen: der Könige / Hure of three kings]
> (Teiresias, als er Frau war,
> von Laios beschlafen)

Auf einem anderen Blatt die Variante:

> Teiresias. Frau geworden durch Beischlaf mit der (toten) Sphinx

Nach der Überlieferung war Teiresias Frau geworden, als er, zwei Schlangen beim Liebesspiel beobachtend, das Schlangenweibchen erschlug. Und wieder Mann, sieben Jahre später, als er erneut auf ein sich liebendes Schlangenpaar treffend, jetzt das Männchen erschlug. Ein Typoskript, das zu dem Text „Das Testament des Ödipus. Ein Brettspiel" gehört:

> Kommentar aus der Menge: Der Seher hat genickt.
>   Teiresias die Dreikönigshure
>   Die Nachgeburt der Sphinx

Theodoros, Du sagtest, Teiresias sei auf der Seite der Macht. Ein Netz von Informanten habe er über die Gesellschaft geworfen. Vogelschau. Was er weiß, hat er gehört von seinen Boten. Was er, der Seher, sieht, ist, was er erreichen will. Die Instanz dahinter, die Kontrolle zur Aufrechterhaltung der Macht oder ihrer notwendigen Erneuerung. Er steuert, lässt stürzen und bleibt.

Friedrich Hölderlin hatte in sein Homburger Folioheft notiert:

> Bei Thebe und Tiresias!
> Mir will der Boden zu kahl seyn.

Und noch einmal:

> Bei Thebe u. Tiresias
> Zu kahl ist der Boden.

Theben und Teiresias, das Bild einer Gesellschaft, die an ihren Geheimdiensten erstickt.

Matthias Langhoff hatte von Theben erzählt: Vor fünfzehn Jahren kam er dorthin. Schnee war gefallen, schwarzer Schnee, auf eine verlassene Stadt. Über ihr ein schwarzer, hoher Berg. Von ihm herab, das war Langhoff klar, muß alles Unglück auf die Stadt gekommen sein. Sein Name: Phikeion. Phix der Name der Sphinx. Auf dem Berg wohnte sie und ließ sich im Flug herab auf die Stadtmauer von Theben, stellte die eine Frage an die jungen Männer der Stadt und kehrte mit der Beute zurück. Grundmauern des Labdakiden-Palastes, berichtete Langhoff, könne man in einem Loch betrachten, mit Abfall überstreut. Die Stadt als den Ort der Tragödie, sagte er, habe er begriffen, als er durch die Straße der Fleischer gegangen sei, durch die aufgehängten offenen Tierleiber. Kounellis hatte ihn verstanden: Das Fleisch, aufgeschnitten, öffnet sich wie eine Blume.

Theben war von Kadmos gegründet worden, einem Bruder der von Zeus entführten Europa. Ihr Vater Agenor, König von Tyros, hatte seine Söhne ausgeschickt, ihre Schwester zu suchen. Kadmos befragte das Orakel von Delphi. Er solle die Schwester vergessen, war die Antwort, statt ihrer eine Kuh mit einem mondförmigen Flecken suchen, dieser folgen und dort, wo sie sich niederlasse, eine Stadt gründen. Phönizien kehrt ein in Griechenland. Er fand die Kuh, trieb sie vor sich her, bis sie niedersank. Die nahegelegene Quelle bewachte ein Drache, ein Sohn des Ares. Ihn erschlug Kadmos. Da befahl ihm Athene, dem Drachen die Zähne auszubrechen und die Hälfte von ihnen auszusäen. Die andere Hälfte verwahrte sie für sich. Dem Boden entsprangen bewaffnete Männer. Als Kadmos Steine zwischen sie warf, schlugen sie – sich gegenseitig beschuldigend – aufeinander ein. Fünf blieben übrig und wurden die Ahnherrn des thebanischen Adels.

> Du mit dem goldenen Schilde, Thebe, Mutter
> Mein, mich bedrängt keine höh're Sorge, wenn
> Du mich rufst.

sagte Pindar von der Stadt, in deren Nähe er auf die Welt kam.

Kadmos hieß in Böotien Kasmos, das bedeutete Kosmos. Er heiratete Harmonia. Sie war die Tochter des Ares, die Schwester des Drachen, den er erschlagen hatte. Ares gab ihm seine Tochter zur Frau, nachdem er zur Sühne für seine Tat acht Jahre in dessen Diensten gestanden hatte. Alle Götter kamen nach Theben, um die Hochzeit zu feiern. Die Musen sangen das Brautlied. Vier Töchter und einen Sohn gebar Harmonia. Eine der Töchter war Semele, auch Thyone genannt. Sie zu gewinnen, kehrte Zeus nach Theben zurück. Wie es Pindar bezeugte:

> aber in Thyones weißen Armen lag
> Auf dem ersehnten Lager Zeus, der Vater.

Wir fuhren zwei Stunden nach Theben. Es stürmte. Angekommen flohen wir vor der nassen Kälte ins Museum. Seine Glanzstücke: Sarkophage aus mykenischer Zeit, schmale Kästen – die Toten darin hockend – aus hellem Ton auf vier Füßen. An den Längsseiten klagen Frauen, sie tanzen – gezeichnet mit einem Strich voll Freude wie bei Picasso. Sphinxe waren auf kleinen Vasen zu finden. Draußen der kalte Wind durch die Straßengeviertel über der alten Akropolis, der rechtwinklig angelegten Kadmeia. Ausgelassen ein Geviert: das angekündigte Loch, dreißig mal dreißig, drei Meter tief, die Mauerreste des Palastes, durch den Ödipus geirrt war, ein Blick auf den Grund, in die Geschichte ohne Gegenüber. Die Straße der Fleischer war nicht mehr zu finden. Die Tierleiber auf offener Straße aufzuhängen, verbieten die neuen Bestimmungen aus Brüssel. Auf dem Hauptplatz an einer Seite zusammengeschoben die Stücke eines alten Spielplatzes, ein Karussell mit Kassenhäuschen, Autos aus buntbemaltem Blech: Traum von der Kindheit in einer vergessenen Stadt.

Hier also war Dionysos gezeugt worden, zum zweitenmal, und zu früh auf die Welt gekommen, als seine Mutter verbrannte vor der Erscheinung des Geliebten, nachdem sie ihn gezwungen hatte, sich in seiner wahren Gestalt zu zeigen. Hermes schnitt den Oberschenkel von Zeus auf, damit dieser darin das Kind austrage. Dionysos wuchs auf im fernen Land. Seine Göttlichkeit wurde in Theben verleugnet, seine Mutter eines Seitensprungs bezichtigt. Zeus habe sie, das erklärten ihre Schwestern, vernichtet, weil sie gelogen habe, als sie Zeus als Vater des Kindes angab.

Wir fuhren zurück. Auf den Bergen fiel Schnee. Neve a Thebe, sagte Kounellis und lachte.

> Außer dem Namen, was ist das Theben des Ödipus heute?

fragt Pythagoras in den *Metamorphosen* des Ovid.

Am Abend in Delphi eine Diskussion. Wir sprachen von der Zeit, in der wir leben, von der Bewegung, die unsere Gesellschaft ergriffen hat. Sie beschleunigt sich permanent und schafft Stillstand. Ausgelöst durch eine Überflußproduktion, die mit dem Angebot die Armut vermehrt, die angestammten Berufe immer weiter reduziert, die Menschen ihrer Herkunft beraubt, die Basis zerstört. Oder: die Armut der Armut beraubt. Denn die Armut, sagt Kounellis, ist der Reichtum. Aus ihr kommt die Kraft, nein zu sagen. Doch wir leben einer Strategie überlassen, die nach einem Vertriebsmuster die verschiedenen Kulturen überformt und selber keine schafft.

Eine Setzung ist nötig, sagte Kounellis, eine Jahreszahl oder zwei, um historische Erfahrungen für unsere Gesellschaft herauszufordern. Ein Beispiel: Für die Ausstellung, die er 1990 zusammen mit Rebecca Horn und Heiner Müller in beiden Teilen Berlins konzipiert hatte, „Die Endlichkeit der Freiheit", hatte Heiner Müller 1945 und 1989 als Daten gesetzt. Zwei Daten der Erwartung: die Eröffnung einer neuen Erfahrung, die Hoffnung und ein Wissen von dem, was kommen wird.

Theben selbst, die Stadt heute im Gegensatz zu ihrer Geschichte, schlug Langhoff vor, könne die Setzung sein. Als er vor fünfzehn Jahren *Ödipus* am Burgtheater vorbereitete, hatte er fünfzig Ziegen auf die Bühne getrieben. Theben, sagtest Du, bedeute in der griechischen Tragödie: Der Fall. Der Sturz. In einer Folge durch die Generationen. Durch das Geschlecht der Labdakiden. Theben, das ist die Stadt, die nicht zu sich, zu einer Gemeinschaft findet, da sie sich nicht von der Herrschaft der Schlangen befreit. Eine Stadt ohne Verfassung. Ausgeliefert den Kämpfen der Helden, ihrer Hybris.

Als Eteokles und Polyneikes sich gegenseitig im Kampf erschlagen haben, klagt der Chor:

> Unselige wohl! unseliger Tod
> Ward ihnen im Sturz des Geschlechts

Theodoros, so verstand ich Dich. Du sprachst von der „archetypischen Lebenserfahrung des Sturzes in die menschliche Existenz", den der Mensch sein ganzes Leben betrauere. Du sprachst von der Trauer, die „die Vision einhüllt", von der „ontologischen Betrübnis, die der Held des Stückes schon lange vor dem Eintreten der Ungerechtigkeiten und der abscheulichen Ereignisse spürt, die ihn als das gnadenlose Organ einer Gerechtigkeit ausweisen, die ihre unerbittlichen, illegalen Urteile in Recht verwandelt", sprachst von einem „unsichtbaren, kaum zu antizipierenden Eros der Trauer", den der Held weitergibt „an alle, die sich in Bewegung befinden und ihren Weg gehen... ohne zu protestieren, trauernd, inmitten der matten Erinnerung an einen unausweichlichen Verlust". Ist es eine „ontologische Betrübnis", Theodoros, oder ist es die Notwendigkeit der Toten zurückzukehren? Da verloren scheint, was sie wußten. Daß ihnen aus der Not der Zeit der Raum gegeben wird.

> Die Toten warten auf der Gegenschräge
> Manchmal halten sie eine Hand ins Licht
> Als lebten sie. Bis sie sich ganz zurückziehn
> In ihr gewohntes Dunkel das uns blendet.

Eines der letzten Gedichte von Heiner Müller, datiert November 1995. Unter seinen Notizen zu „DOPPELKOPF EIN FEINDBILD" findet sich der Satz, der sein Theater begründet: „Emanzipation der Lebenden von den Toten durch d. Emanzipation der Toten (v. d. Lebenden)". Und auch das Zitat: „Sok.[rates] Lebt euer Leben, ich sterbe meinen Tod". Einmal hatte er an Ginka Tscholakowa geschrieben: „Theater ein Ort wo man sterben lernt (durch Verwandlung, Tod die letzte)." „Pro-Thalamos" heißt der Ort des Theaters, sagtest Du, der Vorplatz vor dem Hades. „Thalamos" bedeutet Schlafgemach, „o pag-koítas", allbettend, ein Name für Hades, „o pag-koítas thálamos" der Hades, das Brautgemach.

Deine Beschreibung des Sturzes, Theodoros, erinnerte mich in einer Umkehrung, als Gegenbild, an die Gestalt des Torpedokäfers, die Franz Jung beschrieben hatte – Bild seines Lebens, des immer neuen Einsatzes gegen die Herrschaft: „Der Käfer hat etwa die Länge einer Gewehrpatrone, auch die Form", erklärte er, „Das Besondere an diesem Käfer ist die Kraft, mit der er das Ziel anfliegt, vorwärtsgetrieben, wie ein Torpedo. (...) Die Flugkraft wird zu einer selbständigen Wesenheit, vibrierend mit eigenen Empfindungen von Lust und Widerspruch, Angst, und der Triumph über Enge und Weite. (...) ich erinnere mich, daß es weh tut, selbst im Jubel der Ungewißheit, wie das so im Leben ist und sein wird. Ablauf der Zeit in einer panikgeladenen Spannung, die Augen geschlossen. Stoß gegen den Widerstand – und dann der Sturz. Das Ziel ist groß genug. Das Ziel geradezu drohend, in abschreckender Klarheit, überdimensionale Präzision. Es wird sein, daß mehr Anziehungskraft ausgeht von diesem Ziel, als in dem motorisierten Antrieb des Fluges sich umsetzen ließe. (...) Ein sehr schmaler Eingang, der Durchgang zum Ziel, der verdeckt ist und sich wahrscheinlich verschiebt, in der Blitzsekunde des Anpralls: daher der Sturz. Dieser Sturz wird sich wiederholen." Eine Erfahrung, gewonnen aus Krieg, Revolution und wieder Krieg in der ersten Hälfte des vergangenen (deutschen) Jahrhunderts, aufgeschrieben zu Ende der fünfziger Jahre in den Vereinigten Staaten. Hybrid auch er, der Revolutionär in seiner Desillusion, da keine Gemeinschaft zu finden war, die ihre Selbstverständigung sucht. Er war immer schon der Verlorene gegenüber der Masse und ihren Führern. Seine eigene Stimme fand er in dem Bild des Torpedokäfers. Erst wenn die Hybris überwunden ist, abgefallen die Feindschaft, erreicht die Stimme die Menschen, den Gott. Prometheus lernte es – und Antigone.

WOLFGANG STORCH

„Ein sehr schmaler Eingang, der Durchgang zum Ziel, der verdeckt ist und sich wahrscheinlich verschiebt, in der Blitzsekunde des Anpralls; daher der Sturz." Eine physikalische Gesetzmäßigkeit: Der Versuch zu messen, ist ein Eingriff und verändert den Gegenstand. Er entzieht sich. Kounellis hatte in Düsseldorf von dem Winkel erzählt, dem Winkel eines Raumes, der es erlaubt, in das Labyrinth einzudringen. Er hat uns den Text gegeben, „La grandiose invention de l'angle", den er für das Pariser Projekt von „L'Humanité de l'homme" geschrieben hat, eine Einladung an Künstler und Philosophen, die großen Erfindungen der Menschheit aufzuzeichnen. „Die Entdeckung fand an einem lang zurückliegenden Abend statt, ich war vielleicht 10 Jahre alt. Das flackernde Licht einer Kerze auf einer Kommode vor der Madonna und dem Heiligen Georg ließ nur den Winkel des Zimmers ahnen, in dem ich schlief. Vielleicht war es Angst, die mich das Mysterium jenes Winkels entdecken ließ, als wenn das nahe Fenster und die Tür ihre Bedeutung verloren hätten und Flucht unmöglich wäre... Es ist klar, daß dieses meisterhafte Zeichen, das zwei Mauern verbindet und das Dach trägt, auf der einen Seite ein Innen sein will, welches das Leben zwischen den vier Winkeln beherbergt, in einer unendlich langen mütterlichen Schwangerschaft, eine Arche Noah, um die erschöpften und besiegten Seefahrer aus der Sintflut zu retten, andererseits ist es jedoch offensichtlich die wesentliche Erfindung, die der Höhle Dynamik verleiht und Mobilität. Der Winkel erweckt die Dunkelheiten, zusammengeführt im heiligen Punkt, wo sich die Kräfte treffen und eine ewige statische Existenz leben, zum Himmel strebend, wo sich ihr Stützpunkt findet, wo ihre Geburt eingeschrieben ist und ihr Schicksal. Die Dörfer und die Städte sind eine unendliche Gegenwart von Winkeln, die sich natürlich nicht um das in die Erde geschnittene Zeichen kümmern, wohl aber um jene kraftvolle Vertikale, die aus dem Boden wächst und bis zum Dach reicht. Man lebt also inmitten dieser Schicksalsschläge von Winkeln, die im Inneren Theater bilden, aus denen die wahrhaften und wirklichen Dramen entstehen. (...) Die Tür und das Fenster sind Durchbrüche, ein Akt der Schwäche von Seiten der Eingeschlossenen, die nicht den Mut haben, das Zentrum zu erreichen und das heilige Tier gefangenzunehmen, das seit Ewigkeiten in den Höhlen lebt. Darin liegt der tiefe Sinn der ‚thysia', des Opferfestes, die leuchtende Freiheit wiederzufinden."

Der Ort der *Bakchen:* „vor dem in dorischem Stil gehaltenen Königspalast von Theben bei dem Grab der Semele, in dessen Nähe Trümmer rauchen. Über die Umzäunung, die das Grab umgibt, ziehen sich Weinranken hin." Das Feuer, das Semele tötete, erlischt nicht. Das Grab seiner Tochter hat Kadmos einzäunen lassen, ihr Sohn mit Wein umhüllt.

Du sagtest, Theodoros, Du brauchst einen Kreis, den Platz vor dem Palast.

„In den Kreis tritt der Chor, die Gruppe der Schauspieler, um die Metamorphose zu vollziehen, Schritt für Schritt im Tanz: dem Rhythmus und den Klängen folgend. Die Schauspieler tragen die Mania in sich. Das ist die erste Materie, die Basis. Aus einem rhythmischen Kern, wenn er von den Schauspielern gewonnen ist, entfalten sich die Situationen, die die Tragödie austrägt. Die Metamorphose ist ein Weg nach innen, eine Konzentration auf sich selbst, ein Weg, der in eine Statik führt, aus der heraus die Energien freigesetzt werden. Gewonnen aus dem Körper, der das Ganze, die Gegensätze, in sich birgt. Die Konzentration auf den Rhythmus schafft eine Religiosität, das Erlebnis einer Kraft, die durch alles hindurchgeht und alles vereint. Das Heben eines Armes folgt dem Rhythmus wie das Erdbeben. Der Dialog aber ist der Weg zu Gott durch den anderen hindurch. Er entäußert sich in den archetypischen Strukturen."

Langhoff sprach von der Lust des Chores, die Tragödien zu evozieren, die Taten, die Schicksalsschläge im Spiel, aus dem Tanz zu erfahren. Er sprach von Nietzsche. Wie er das *„dramatische Urphänomen"* begriff: „sich selbst vor sich verwandelt zu sehen und jetzt zu handeln, als ob man wirklich in einen andern Leib, in einen andern Charakter eingegangen wäre."

Der Chor in *Sieben gegen Theben* sind die jungen Frauen von Theben, die Zukunft. Sie bestürmen ihren König Eteokles, Angst treibt sie. Eine Niederlage bedeutet Vergewaltigung, fremde Kinder. Ihr Feind ist aber auch Eteokles, der sich rühmt, nie werde er ein Weib berühren. Die Erfahrung des Feindes vor der Stadt, die Todesangst ist dem Stück eingeschrieben: Aischylos hatte an drei Schlachten gegen die Perser teilgenommen. Valery Fokin erzählte von den Frauen in Tschetschenien, die helfen, die Städte zu verteidigen. Er will die Gegenwart der alten Frauen mit ihren Kindern, ihren Enkeln. Kounellis antwortete ihm mit Bildern aus dem griechischen Bürgerkrieg. Er war zurückgekehrt, betrat sein Haus, öffnete die Tür zur Küche: Sie war voll mit Leichen, übereinandergestapelt. Die Erinnerungen sind im Theater zu verarbeiten. Das Drama selbst aber ist dionysisch, ist Tanz, sagte er.

Jürgen Gosch will an die Theaterform anknüpfen, die Sophokles eingeführt hatte: drei Schauspieler spielen alle Rollen mit Masken. Den Chor will er, im Gegensatz zu Sophokles, ebenfalls nur mit drei Schauspielern besetzten. Und diese Disposition für *Ödipus tyrannos* soll umgekehrt werden bei *Ödipus auf Kolonos*: die drei Schauspieler des Chores spielen dann die Protagonisten. Masken hatte er bei seiner Inszenierung des *Ödipus* vor fünfzehn Jahren verwendet und wieder eingesetzt bei den *Bakchen* vor zwei Jahren in Amsterdam.

Dem gegenüber schlug Langhoff vor, durch die Besetzung der Rollen eine Struktur zu gewinnen, die die vier Stücke gegenseitig erhellt, die vier unterschiedlichen Inszenierungen zusammenführt – wie der eine Raum von

Kounellis, eine Grunddisposition, ein Gemeinsames in der Gegensätzlichkeit. Die durch die einzelnen Stücke hindurchgehenden Rollen, wie Kreon und Teiresias, sollten jeweils mit demselben Schauspieler besetzt werden. Und es sollten einander verwandte Gestalten durch die Besetzung markiert werden. Parallele Strukturen könnten in den einzelnen Rollen offengelegt werden, Strukturen, die sich in den unterschiedlichen Situationen immer anders auswirken. So fragte er, ob nicht Agaue und Antigone mit einer Schauspielerin besetzt werden sollten. Vielleicht auch Jokaste.

Oder: Dionysos und Agaue. Du hast daran erinnert, dass diese beiden Rollen von Deinem Vorgänger gespielt wurden: dem Schauspieler Theodoros, dessen Name im Museum zu lesen stand auf einer Marmortafel, 2400 Jahre alt. Oder Pentheus und Kreon ein Schauspieler.

Pentheus interessiert Dich, sagtest Du, weil all seine Kraft nach innen geht. Penthos heißt Leid, Trauer, Kummer, Wehklagen. Sein Schmerz kommt nicht frei. Sein Leid wird nicht zur Kraft. Er kann sich nicht entscheiden, sich nicht entäußern. Er höhlt sich selbst aus, zerstört sich. Eine Implosion. Protestantisch, wie deutsch auch hier, dachte ich.

Kadmos sei vor tausend Jahren nach Böotien gekommen, schrieb Herodot. Also um 1500 v. Chr.. Was die thebanischen Epen, die *Ödipodeia* und die *Thebais,* von den Helden berichteten, das schilderte zu derselben Zeit, als sie aufgeschrieben wurden, um 700 v. Chr., Hesiod als Gegenwart in Böotien, als Alltag: den Krieg in der eigenen Familie, Bruder gegen Bruder, die Kinder gegen die Eltern. Oder: die Heldentaten konnten ihre literarische Form finden, da der Alltag den Stoff lieferte. Aus der Vielzahl der Überlieferungen, aus dem Fundus der Homerischen Epen hatte Hesiod seine *Theogonie,* eine Genealogie der Götter, geschaffen. Ebenso legte er in seinem anderen Gedicht, den *Werken und Tagen,* die Genealogie der Menschen fest: den Göttern gleich die Abfolge der Menschengeschlechter. Unser Geschlecht, das fünfte, ist das eiserne. Das Geschlecht der Helden war das vierte. Geschaffen und vernichtet von Zeus. So wird er auch unser Geschlecht vernichten, wie er es geschaffen hat.

> War ein göttlich Geschlecht von Helden, und man benannte
> Halbgötter sie, dies Vorgeschlecht auf unendlicher Erde;
> Aber der schlimme Krieg und das arge Gewimmel der Feldschlacht
> Im kadmeiischen Land beim siebentorigen Theben
> Tilgte die einen im Kampf um Oidipus' weidende Herden
> Oder lenkte die andern in Schiffen über die schwarzen
> Schlünde des Meeres nach Troia der lockigen Helena wegen.

Der Krieg im eigenen Land – kadmeiisches Land. Ein Land der Selbstzerstörung. Auch dies ein deutsches Bild. Agamemnon gelang es dann, den Krieg nach außen zu verlagern, übers Meer, nach Troja. Alle Stämme, die sich doch Feind waren, folgten ihm.

Von dem fünften Menschengeschlecht, seinem, unserem, sagte Hesiod:

> Jetzt ja ist das Geschlecht ein eisernes; niemals bei Tage
> Ruhen sie von Mühsal und Leid, nicht einmal die Nächte,
> O die Verderbten! da senden die Götter drückende Sorgen.
> Dennoch wird auch diesen zu Bösem Gutes gemischt sein.
> Zeus wird auch dies Geschlecht der redenden Menschen vertilgen,
> Wenn sie bei der Geburt schon graue Schläfen besitzen.
> Nicht ist der Vater dem Kind, das Kind dem Vater gewogen,
> Nicht dem Wirte der Gast, Gefährte nicht dem Gefährten,
> Bald versagen sie selbst den greisen Eltern die Ehrfurcht,
> Schmähen sie noch und schwatzen mit ihnen häßliche Worte.
> Frevler! sie wissen nichts von Götteraufsicht, sie geben
> Nicht den greisen Eltern zurück die Pflege der Kindheit.
> Faustrecht gilt, der eine verheert des anderen Wohnsitz.

Eine Gesellschaft ohne Sinn für die Gemeinschaft, ohne Gerechtigkeit.

> Nein, jetzt möchte ich selbst nicht unter den Menschen gerecht sein,
> Noch mein eigener Sohn; denn wehe, wenn einer gerecht ist
> Heut, wo größeres Recht dem Ungerechten zuteil wird.
> Aber dem schenkt, ich hoffe, der Donnerer keine Vollendung.

Der Zeus des Hesiod ist der Gott des Alten Testamentes, jähzornig und gütig. Er waltet unerforschlich, erhebt und vernichtet. Hesiod verehrt ihn.

> Leicht verleiht er Stärke, und den Gestärkten verdirbt er;

Gegenüber Zeus bleibt jedem, seine Arbeit zu leisten. Und gerecht zu sein. Was immer ihm durch das Schicksal widerfährt.

> Der ist Göttern und Menschen verhaßt, der, ohne zu wirken,
> Hinlebt; gleicht er doch den faul-nichtsnutzigen Drohnen,
> Die da als zwecklose Fresser das Werk der Bienen vernichten.
> Dir aber sei gelegen an wohlgemessener Arbeit,
> Daß dir immer die Scheuern mit Früchten des Jahres gefüllt sind.

Das Du gilt Hesiods Bruder, Perses, der ihn bei der Erbschaft um seinen Anteil gebracht hat. Der Bruder den Bruder. Das war der Anlaß für seine *Werke und Tage* – ein Gedicht, das um der Gerechtigkeit willen die Welt einfordert. Die Idee der Gerechtigkeit ist, bemerkte Alberto Savinio, „von Rechts wegen Hesiod zuzuschreiben".

Daß das Verhältnis zwischen Zeus und den Menschen verdorben ist, daran ist Prometheus schuld, berichtete Hesiod, da dieser bei dem Opferfest in

Mekone, als die Götter und die Menschen sich schieden, Zeus überlistet hatte. Prometheus schlachtete einen Stier, sonderte in zwei Säcken Knochen und Fleisch, bedeckte die Knochen mit Fett, das Fleisch aber mit dem Magen, „die Sinne des Zeus zu betrügen". Der wählte wissend, daß er betrogen werden sollte, das Fett. Beim Anblick der Knochen darunter wurde er von Zorn überwältigt. Er strafte nicht Prometheus, der ihn betrogen hatte, sondern die Menschen, um derentwillen er betrogen worden war. Sie sollten zurechtkommen wie die Tiere. Er nahm ihnen das Feuer. Als Prometheus, heimlich wie ein Dieb, das Feuer zurückbrachte, befahl Zeus Hephaistos, eine Jungfrau zu schaffen, und gab ihr, der Pandora, einen Krug, der alle Übel enthielt. Als sie, von Epimetheus, dem Bruder des Prometheus, geheiratet, den Krug öffnete, entsprangen ihm alle Leiden und kamen über die Menschen. Jetzt erst strafte Zeus Prometheus. Er ließ ihn fesseln und schickte einen Adler, der Tag für Tag an seiner Leber fraß. Prometheus sollte leiden, weil er den Menschen geholfen hat.

Zweieinhalb Jahrhunderte später antwortete Aischylos mit seiner *Promethie* auf Hesiod. Der Prometheus des Aischylos leidet um Zeus, der an seinem Untergang arbeitet, da er das Recht mißachtet. Prometheus hat ihm gegen das eigene Titanengeschlecht zur Macht verholfen. Nun regiert Zeus wie ein junger Tyrann. Er steht unter dem Fluch, den sein Vater Kronos ausstieß, als er ihn stürzte. Ihn erwartet ein gleiches Schicksal. Es war das Schicksal verschiedener griechischer Stadtstaaten, deren Bürger, um gegen eine Oligarchie die demokratischen Rechte durchzusetzen, einen Führer wählten, der sich dann als Tyrann etablierte. Prometheus weiß, nur er, wer Zeus stürzen wird. Diesen Kreislauf – Menschengeschlecht um Menschengeschlecht, Götterdynastie um Götterdynastie, Zerstörung um Zerstörung – gilt es zu durchbrechen: Das ist die Arbeit des Prometheus. Deshalb hilft er den Menschen, bringt ihnen das Feuer und weist sie ein in die Handwerke, lehrt sie die Technik. Zeus straft ihn. Er wird an den Kaukasus geschmiedet, der Adler frißt jeden Tag von seiner Leber. Ein Durchgang durch den Tod.

> Den Tod mir wünschend als ersehnten Schluß der Not.
> Doch weit vom Tod treibt mich der Wille weg des Zeus.

Alle Hybris fällt von Prometheus ab. Das ist die Arbeit des Zeus. Durch sein Leiden stiftet Prometheus zwischen Zeus und den Menschen einen neuen Bund. Als Zeichen trägt er den Weidenkranz. Die Form der Passion, die Aischylos in dem *Gefesselten Prometheus* gewonnen hatte, blieb ein Vermächtnis. Sie wurde fünfhundert Jahre später aufgenommen in die Stiftung der christlichen Religion, in den Neuen Bund, den Paulus durch das Neue Testament in Rom geschaffen hat.

Als wir am nächsten Tag von Delphi nach Athen zurückkehrten, im Bus die Diskussion um Theben weiterführten, fuhren wir direkt auf die stolz aufragende Akropolis zu. Athens Behauptung seiner selbst. Die Perser hatten die alte Akropolis, die die Stadt selber war, geschleift. Nichts stand da, als sie vertrieben waren. Alles war neu zu schaffen. Die Arbeit des Aischylos war es, die Orte der Athener Polis durch seine Trilogien neu zu stiften. Den Parthenon, der erst nach seinem Tod errichtet wurde, begründete er mit der *Promethie* in dem neuen Bund zwischen Zeus und Prometheus. An den Schluß seiner *Orestie* setzte er die Stiftung des Areopags durch Athene, der Gerichtsstätte gegenüber der Akropolis. Lese ich die Fragmente der *Lykurgie* richtig, so gab er durch das Martyrium des Orpheus dem Dionysos-Theater unterhalb der Akropolis seine eigentliche Bestimmung. Orpheus verkündete nach seiner Rückkehr aus dem Hades: „Apollo sei der Kisseus und der Bakcheus, der ‚Efeubekränzte' und der ‚Bacchant', der wahre Dionysos." Aischylos begründete das Theater, die Stätte des Dionysos, als ein Instrument, fähig, die gegeneinander gerichteten, die selbstzerstörerischen Kräfte zum Ausgleich zu bringen, fruchtbar zu machen.

Aischylos schrieb *Die Perser*, berichtete von dem Leid, das den Feinden in der Niederlage widerfahren war. In der Bekundung des Mitgefühls, der Fähigkeit des Mitleidens bereitete er den Boden für den Frieden, den Athen brauchte. Von Theben, das sich mit den Persern gegen Athen verbündet hatte, erzählte er als dem Leidensweg einer Stadt, verursacht durch das Herrscherhaus des Kadmos.

In den *Hilfesuchenden* des Euripides erklärt Theseus dem Boten der Thebaner:

> Du irrst schon in den ersten Worten, Freund, wenn du
> hier einen Fürsten suchst. Denn hier gebietet nicht
> ein einzelner; die Stadt ist frei. Die Bürger selbst
> bekleiden Jahr um Jahr der Reihe nach die Ämter,
> wobei sie nicht dem Reichtum einen Vorrang geben,
> nein, auch der Arme gleiches Recht genießen darf.

Athen verstand sich als Vorreiter.

> Rückwärts liefe ja
> Die ganze Welt, wenn wir Befehl uns geben ließen

Wie aber war es um sie in Praxis bestellt? Wie klangen diese Sätze im Dionysos-Theater sieben Jahre nach Ausbruch des Peloponnesischen Krieges? Was konnten die Tragödien erreichen?

Theben – die Stadt, die nicht zu ihrer Form findet. In ihrer Geschichte ist das Gewordensein, der Grund unserer Gesellschaft, der Blick tausend Jahre zurück, erfahrbar. Das Theben der Helden liefert die Bilder für die Gegenwart der

Vergangenheit. Es wurde für die drei großen Tragiker zum Gegenbild von Athen. Theben, das ist die Nacht, sagtest Du. Oder das Aufwachen in der Nacht, und die Dinge sind mit aller Klarheit zu sehen.

Sophokles führte am Ende seines Lebens Ödipus auf dessen Leidensweg nach Kolonos, um ihn dort sterben zu lassen – auf den sanften heiligen Hügel vor Athen, wo er selbst, Sophokles, auf die Welt gekommen war. Dort steht heute, Theodoros, im Häusermeer Dein Attis-Theater. Daß Ödipus auf Kolonos stirbt, wird durch Theseus zu einem Akt der Vergebung. Die Toten würdig zu bestatten, dies ist die Aufgabe einer demokratisch verfaßten Gemeinschaft, die Vergangenheit anzunehmen, um von der Vergangenheit Abschied nehmen zu können, die Aufgabe Athens, zu hören, was uns die Toten zu sagen haben, die Aufgabe der Tragödien. Die Frauen aus Argos, deren Männer mit Polyneikes gegen Eteokles gezogen waren, baten Theseus – davon handelte die Tragödie des Euripides *Die Hilfesuchenden* –, gegen Theben zu ziehen, nicht um Krieg zu führen, sondern um ihre vor der Stadtmauer gefallenen Männer zu begraben.

Der Orakelspruch, den Laios in Delphi erhalten hat, wird in *Sieben gegen Theben* noch einmal von Eteokles zitiert.

> Denn er, Laios – trotzt dem Loxias,
> obschon ihn dreimal gewarnt
> der pythischen Weltmitte Spruch,
> daß wenn er stürbe kinderlos, seine Stadt er rettet.

Das heißt, die Dynastie des Kadmos soll enden. Und jede Dynastie. Daß sich Eteokles und Polyneikes gegenseitig im Kampf erschlugen, erkennt der Bote, der von ihrem Tod berichtet, als Fügung Apollons:

> daß des Laios alte Schuld
> vollendet würde am Geschlecht des Oidipus.

Aischylos beschloß die Trilogie mit einem großen Trauergesang, angeführt von Antigone und Ismene, die mit dem Chor der jungen Frauen ihre beiden Brüder zu Grabe tragen. Ein Schluß wie bei der *Götterdämmerung*. In ihrer ersten Form, *Siegfrieds Tod,* geschrieben von Wagner während der Revolution, als er Droysens Aischylos-Übersetzungen und dessen Didaskalien studiert hatte. Ein Zeitalter endet. Thebens Geschichte war für Athen, was für uns die Nibelungen sind: Schlangenbrut. Oder: Das was noch nicht beendet ist. Wagner erzählte mit den Nibelungen eine ferne, abgeschlossene Geschichte, und es war doch Gegenwart. Er wollte, dass endigt, was doch gerade erst begonnen hatte, die durch die industrielle Revolution ermöglichte Machtentfaltung des Kapitals.

25 Jahre nach *Sieben gegen Theben* führte Sophokles die *Antigone* auf. Mit Kreon regiert die alte Dynastie in Theben weiter. Mit seiner Entscheidung,

Polyneikes nicht zu bestatten, setzt sich der Bruderkrieg fort, das alte Recht, Blutrache – doch jetzt, das ist der Zustand, der in Athen eingetreten ist, mit der Maske der Staatsräson ein Instrument, im Namen der Stadt und des Wohlergehens der Bürger verkündet, den Bürgern den eigenen Raum, das Erinnern und Gedenken, zu entziehen. „Da beginnt eigentlich der Griff des Staates nach den Toten", sagte Heiner Müller: „Der Staat besetzt die Toten." Die *Antigone* des jungen Sophokles kann man als Antwort lesen auf den *Gefesselten Prometheus* des alten Aischylos: ebenso ein Text in tyrannos. Wie Zeus den Menschen das Feuer verweigert, um nach seiner Willkür mit diesem Geschlecht zu verfahren, so Kreon den Bürgern die Toten im Namen des Staates, um willkürlich über die Bürger zu verfügen.

In dem Festspiel *Empedokles,* das Hölderlin schrieb für eine Schwäbische Republik, von der er hoffte, daß sie bald ausgerufen würde, tritt eine Athenerin auf und preist Sophokles:

> dem von allen Sterblichen
> Zuerst der Jungfraun herrlichste Natur
> Erschien und sich zu reinem Angedenken
> In seine Seele gab –

Das Festspiel für die Revolution ist Antigone gewidmet. Als Hölderlin begreifen mußte, daß zu seinen Lebzeiten keine Republik in Deutschland errichtet werden wird, übersetzte er *Ödipus* und *Antigone*. Er erreichte eine Umformung der *Antigone* ins Deutsche, von der George Steiner sagte, sie sei „aus Heimaterde geschrieben". Eine Arbeit, um das Argument des Sophokles zu gewinnen, frei von den Implikationen der Zeit damals. Er fügte beide Stücke, so wie sie von Sophokles nicht geschrieben worden waren, in eine direkte Abfolge, komponierte sie komplementär. Was Antigone geleistet hatte, war im Theatervorgang, da es keine andere Öffentlichkeit mehr gab in Deutschland, existentiell erfahrbar zu machen. Mit einer Unbedingtheit, den Text Wirklichkeit werden zu lassen, aus der Not, die rhetorische, in Weimar beherrschte Theaterform zu sprengen: „so daß das Wort aus begeistertem Munde schreklich ist, und tödtet, nicht griechisch faßlich, in athletischem und plastischem Geiste, wo das Wort den Körper ergreift, daß dieser tödtet." Um den Toten ihre Stimme zu geben.

Daß der amerikanische Präsident und der deutsche Bundeskanzler nach Bitburg fuhren und den Friedhof der Waffen-SS besuchten, war, Du erinnerst Dich, ein Skandal in der Bundesrepublik. Alexander Kluge und Heiner Müller gerieten in eine Auseinandersetzung, ob die Toten gleich sind. „Ich glaube doch", sagte Heiner Müller. „Für mich jedenfalls. Das Problem ist, es hat sich soviel angehäuft an Schuld, an Bewußtsein von Schuld, an Verbrechen, daß es plötzlich nicht mehr möglich ist zu entscheiden. Aber ich glaube, es gibt keine andere Chance, als die Aischylos-Position wieder möglich zu machen."

Der Rückflug von Athen nach Rom war in Licht getaucht, in ein weiches erwachendes – ein Licht, das uns in Griechenland nicht gegeben war. Unter mir Lecce, der Golf von Taranto, eine Kette von Erinnerungen, der Vesuv, der Golf von Neapel, diese Schale, die das ganze Mittelmeer trinkt, das Schloß von Caserta – einmal eine Nacht dort auf den ersten Morgenzug wartend im Winter vor einem blühenden Rosenstrauch, der Anflug auf Rom, gestochen der Grundriß der Stadt, eine Disposition, die Welt zu beherrschen, die Labyrinthe, der Vatikanpalast, der die Kirche von der Religion trennt und das Land teilt, größer noch der Justizpalast, der die Ungerechtigkeit verteidigt. Dies Land hat seine Form in der Oper und im Film gefunden – und weiß nichts vom griechischen Drama, sagt Kounellis. Er kam 1956 aus Piräus nach Rom, denn hier arbeitete die Avantgarde Europas. Die Römischen Verträge, die Europa neu begründen sollten, waren gerade unterschrieben. Herausgekommen ist ein Labyrinth in Brüssel. Wahlen stehen in Italien an. Gerechnet wird mit dem Sieg von Berlusconi, leer die Linke. Flores D'Arcais präzisiert: Es gibt keine Entscheidung zwischen Rechts und Links, sondern zwischen Rechts und einem Populismus, einer neuen Form des Peronismus. Das Wochenmagazin „Il Diario" bringt eine Analyse, daß es im Denken von Berlusconi die Zeitform der Vergangenheit nicht gibt. Seine Vergangenheit beschäftigt die Gerichte.

In die Stadt, in der ich lebe, Volterra, war Rudolf Borchardt vor hundert Jahren gekommen, im Winter 1902/03, um historische Studien zu betreiben. Er wurde dort, wie es sein jüngster Herausgeber sagt, zum Dichter. 33 Jahre später, nach Hitlers Antritt, beschrieb er Volterra und sein Gebiet, die Maremma, als ein Land, das nie fähig geworden ist, Geschichte zu werden, mitzuarbeiten an der Formung der Welt. Er nahm die Formel aus dem Mittelalter „Mondo e Maremma" als Beleg: „Die Maremma kann nur durch dies ‚und' an die Welt geknüpft werden. Sie gehört nicht zu ihr. Aber sie steht ihr gegenüber, auf sich selber, und ist da, auch sie. Sie mag in sich im höheren Sinne geschichtsunfähig sein, und Volterra hat, so viel Geschichte es habe, in diesem großen Sinne keine Geschichte", urteilte er, „Es will etwas besagen – mehr, es ist monumentalen Gehaltes –, daß in der fast schulmäßig abgestuften Mannigfaltigkeit aller Kultur- und Staatsformen menschlicher Konvivenz, die Italien und Toskana auf engem Raume versammelt, auch diese zähe und unberechenbare Urzeit sich in einem unverkennbaren Umrisse gestaltet hat, in einer Stadt, die den Dämon der Landschaft politisch und formend abbildet, und in der mit ihr ewig einigen Landschaft selber."

Geschrieben 1935 – dachte er in einem Gegenbild an Deutschland, an den Weg, den Deutschland nun genommen hatte? Er selbst, fünfzehn Jahre zuvor Mitglied eines Freikorps, um die Kommunisten zu verjagen, konfrontiert jetzt mit Deutschlands Fall in die Barbarei. Ein Land unfähig, Geschichte zu formen.

Der Kampf zwischen Eteokles und Polyneikes ist eines der häufigsten Motive auf den Urnen im Etruskischen Museum von Volterra. Er hat die Volterraner, die Auftraggeber und die Künstler zu immer neuen Bildlösungen veranlaßt. Das sind keine standardisierten Kopien, es sind die eigenen Bilder der Selbstzerstörung und Selbstbehauptung, Mahnungen, Beschwörungen. Gefangen in sich wiederholenden Konstellationen, gefangen in ihrer gemeinsamen Stadt, keine Stadt der Helden und keine der Fürsten, immer resistent. Die etruskischen Urnen sind wie die griechischen Tragödien ein Gespräch mit den Toten. Mit dem Toten, der auf der Urne lagert wie zum Essen, mit seinem großen Kopf, mit den dargestellten Szenen an den Seiten der Urne in seiner, des Toten, Erzählweise der bekannten mythologischen Situationen. Eine Urne zeigt zwischen den Brüder rechts und links, die gegeneinander – ein Spiegelbild – ihr Schwert ziehen wollen, eine Vanth mit mächtigen Flügeln auf einem Richterstuhl oder auf einem Opferaltar sitzend. Sie verkündet – eine Walküre – den beiden Brüdern den Tod. Auf einer anderen Urne: Zwischen den einander abgewandten Brüdern, die von ihren Getreuen zurückgehalten, schon geschwächt, nicht aufhören können, gegen einander loszuschlagen, kniet Ödipus, in der Linken das Schwert, die Rechte Einhalt gebietend erhoben. Es war sein Fluch, der dies verursacht hat. Auf zwei Sockeln, rechts und links die Szene einfassend, stehen zwei geflügelte Lasen, die linke mit erhobener lodernder Fackel, die rechte senkt die Fackel nach unten. Zwischen Leben und Tod. Auf einer dritten Urne: Die Brüder haben sich ihre Todeswunden zugefügt, Ödipus in der Mitte wendet sich mit der ausgestreckten Rechten der Vanth zu, die entsetzt heraneilt. Oder es ist Athene selbst – und er ruft sie um Hilfe an. In der Giebelgruppe des Tempel A von Pyrgi eilt Athene herbei, um dem verwundeten Tydeus Unsterblichkeit zu verleihen, und wendet sich voll Abscheu von ihm ab, da er das Gehirn des Melanippos ausschlürft. Mit Athene kommt Zeus und tötet mit einem Blitz Kapaneus. Parallele Szenen auf Volterraner Urnen. Tydeus holt aus, um den Kopf des Melanippos über das Stadttor zu schleudern. Hinter ihm Kapaneus mit dem Schwert. Oder ist es Amphiaraos, der den Kopf des schon von Tydeus getöteten Melanippos abgeschlagen hat. Kapaneus hatte die Leiter an die Stadtmauer gestellt. Vom Blitz getroffen stürzte er senkrecht die Leiter hinunter.

> Siehst du den Mann, den Zeus mit seinem Blitz durchbohrte?
> (Euripides, *Die Hilfeflehenden*, V. 860)

WOLFGANG STORCH

Eine Urne zeigt die Szene vor der Porta all'Arco, dem Südtor von Volterra mit seinen drei Köpfen. Sie wird datiert in die Zeit, als Cornelius Sulla Volterra belagert hatte, 81 – 80 v. Chr.. Volterra hatte sich im Bürgerkrieg, der zwischen Sulla und Marius 88 v. Chr. ausgebrochen war, auf die Seite der Demokraten gestellt. Als Sulla Volterra angriff, war Marius fünf Jahre tot. Die Stadt beherbergte die letzten Anhänger von Marius. Sulla, in Rom zum Diktator gewählt, ruhte nicht. Auf einem Berg gegenüber von Volterra ließ er eine Burg bauen, um von dort aus die Belagerung zu leiten. Volterra kapitulierte nach zwei Jahren. Es lieferte die Anhänger des Marius aus. Sulla demütigte grausam die Stadt, aberkannte ihre Stadtrechte, konfiszierte ihre Ländereien und schickte ihre Bürger ins Exil oder in die Verbannung. In Volterra endete der Bürgerkrieg.

Die stolze Lage auf dem mächtigen Bergrücken machte die Stadt, die sich wegen der Bodenbeschaffenheit nicht ausdehnen kann, resistent. Eine Bastion. Ein Opfertisch. Im Widerstand gegen die Eingliederung in Großmachtpolitik. Sie gehörte zum etruskischen Zwölfstädtebund, frei unter Gleichen. Resistent gegen die Vereinnahmung. Heißt das, sie ist resistent gegen die Geschichte, „geschichtsunfähig"? Keine Stadt wurde von den Medici so blutig niedergeschlagen wie Volterra. Wegen dieses Sacco di Volterra, der ganz Italien erschüttert hatte, verweigerte Savonarola zwanzig Jahre später Lorenzo il Magnifico auf dem Totenbett die Absolution. Dort wo sich einst die Akropolis von Volterra erhob, steht nun seit über 500 Jahren die Zwingburg der Medici, ein Gefängnis bis heute.

An der Porta all'Arco, dem letzten Bauwerk aus etruskischer Zeit, ist eine Gedenktafel angebracht. Sie zeigt die Bürger, die mit Pflastersteinen das Tor füllen. Als die deutschen Truppen Ende Juni 1944 Volterra räumten, teilte das deutsche Kommando der Stadtverwaltung mit, daß sie, um den Vormarsch der 5. amerikanischen Armee zu verzögern, einige Punkte in der Stadt verminen werden, auch die Porta all'Arco, die umliegenden Häuser müßten evakuiert werden. Die Volterraner überzeugten die Offiziere, es genüge, das Tor zu vermauern: vier Meter breit, siebeneinhalb Meter hoch, die Torkammer acht Meter tief. Das Kommando setzte eine Frist von 24 Stunden.

Gestern war der Tag der Befreiung vom Faschismus. Nach dem langen Winter ein Frühlingstag. Theodoros, Du hättest hier sein sollen. Der ganze Hang feierte. Über sechzig Nachbarn an zwei langen Tischen auf der Veranda von Dino Manaionis Hof. Dino und Diego Campus saßen mir gegenüber. Ihnen gehört das meiste Land. Dino, ein Volterraner, bestellt allein mit seinem Sohn 300 Hektar Weizen, zum Teil sein Besitz, zum Teil gepachtet. Diego Campus, der älteste am Tisch mit 94 Jahren, kam vor dreißig Jahren aus Sardinien, als viele Toskaner die Landarbeit aufgaben. Er kaufte Land für seine Schafzucht.

Der Hirte und der Bauer, Kain und Abel. Der alte Campus öffnet die Augen nicht mehr. Ein blinder Sänger, der Brocken aus der Vergangenheit hochholt, ausstößt, mit lauter Stimme wie ein Rhapsode – was er gelebt hat, vom Krieg, von seinem Erwerb. Auch Corrado Bruschi war da, „Guerra", wie er genannt wird. Als die Deutschen Volterra monatelang besetzt hielten, war er, zwölf Jahre alt, der Knabe, der die Kontrollen passieren konnte, der Bote seines Vaters, seines Bruders, der Partisanen in den Wäldern gegenüber. Sein Sohn Giorgio, der seine Arbeit, den Schrottplatz, übernommen hat, kam mit einem jungen, stillen, hochgewachsenen Mann, den ich nicht kannte. Er führt, hörte ich, in Volterra die neue Rechte. Nach dem Essen wurde getanzt. Vincenzo Di Lucido, der das Fest organisiert hatte, verausgabte sich, alle zu bewegen, ein Bacchus. Eine Freude, ihm zu folgen. Vor ein paar Tagen hatte er uns erklärt, er werde Berlusconi wählen. Stillstand verträgt Vincenzo nicht. Er hofft, daß eine Bewegung die Menschen erfaßt. Darum fragt er nicht weiter. Das Fest, ein Glück, fare la compagnia, für alle Nachbarn, die für einander da sind das Jahr hindurch. Das Land im frischen Grün, in tausend verschiedenen Grüntönen leuchtend.

Ich telephonierte mit Langhoff: Deine Antwort auf die Forderung von Kounellis, Daten zu setzen, um den Raum für die Inszenierungen zu gewinnen, war Theben. Aber Theben, auch im Gegensatz von Geschichte und heute, bezeichnet die Horizontale, den Zustand, Kounellis aber wollte eine Vertikale behauptet wissen, die kollektive Erinnerung, auf die wir uns und das Publikum beziehen. Stell Dir vor, antwortete Langhoff, die Sphinx kehrt zurück, wie Heiner Müller es skizziert hat: Sie setzt sich auf den leeren Thron von Theben und frißt die Daten: 1945, 1968, 1977, 1989. Sie verschwinden, zermalmt. Die Sphinx singt.

Keine Erfahrungen mehr, auf die wir uns beziehen können. Nicht die Erinnerungen zählen, die Verdächtigungen diktieren heute die Diskussion. Es folgt ein Reigen von Entschuldigungen, Lügen, Gedächtnislücken. Die Diskussion über die Stasi gab das Muster, nach dem jetzt über jede Vergangenheit geredet werden kann. Was war, war ein Irrtum. Angst vor einer Bewegung, die doch ersehnt wird. Eine Menschheit, die das Tier in sich tötet. Und das Tier zeigt sich. Ein Rausch der Geschwindigkeit ohne eigene Bewegung. Eine Fahrt in die Zukunft, die die Vergangenheit verwüstet. Die Sphinx kehrt zurück, wenn die Gesellschaft das Wissen von der Gattung verloren hat. Die Gattung ist ihre Geschichte, das Gewordensein aus dem Tier, der Kampf von Chaos und Ordnung.

Von dem Einbruch der Pest in Theben erzählte Sophokles als erster. Sie war im Sommer 430 v. Chr. in Athen ausgebrochen. Warum. Was hat die Gesellschaft ergriffen. Perikles hatte die Athener zum Krieg gegen Sparta überredet. Er wollte die Entscheidung zur See. Das Land sollte den einfallenden Peloponnesiern überlassen bleiben. Die Bauern mußten ihre Ländereien verlassen und nach Athen ziehen. Die Stadt war nicht vorbereitet. Die Bauern wohnten in Notquartieren und hatten keine Arbeit. Viele leben heute so in den Favelas der Millionenstädte. Kaum waren die Peloponnesier im zweiten Kriegsjahr erneut in Attika eingedrungen, brach in Athen die Seuche aus. Nur hier, nicht auf dem Peloponnes. Die „größte Drangsal", berichtete Thukydikes in seiner *Geschichte des Peloponnesischen Krieges,* kam durch „das Zusammenziehen von den Feldern in die Stadt ... Ohne Häuser, in stickigen Hütten wohnend in der Reife des Jahres, erlagen sie der Seuche ohne jede Ordnung: die Leichen lagen übereinander, sterbend wälzten sie sich auf den Straßen und halbtot um die Brunnen, lechzend nach Wasser. Die Heiligtümer, in denen sie sich eingerichtet hatten, lagen voller Leichen der drin an geweihtem Ort Gestorbenen; denn die Menschen, völlig überwältigt vom Leid und ratlos, was aus ihnen werden sollte, wurden gleichgültig gegen Heiliges und Erlaubtes ohne Unterschied." Das Land vom Feind verwüstet, die Stadt ausgeliefert der Pest, die Toten der Kriegszüge – die Athener wollten den Frieden. „So ringsum hilflos und verzweifelt fielen sie über Perikles her." Dieser stellte sich den Athenern in einer – wie Thukydikes formuliert – „Trostrede". Er, der sie zum Krieg überredet hatte, den er von langer Hand vorbereitet hatte, zeigte ihnen, daß sie nicht mehr zurück können, Gefangene ihrer Entscheidung, die doch seine war: „Und glaubt nicht, es ginge in diesem Kampf nur um das eine, nicht Knechte zu werden statt frei, sondern euch drohen auch der Verlust eures Reiches und die Gefahren des Hasses, der euch aus der Herrschaft erwuchs. Aus der zurückzutreten steht euch nicht mehr frei, falls einer in der Angst dieser Stunde sogar so tugendhaft und friedfertig werden wollte; denn die Herrschaft, die ihr übt, ist jetzt schon Tyrannis" – wer ist der Tyrann: der Führer oder das Volk. Athen, das es sich durch seine Verfassung zur Aufgabe gemacht hatte, die Tyrannis zu bekämpfen, war nun selbst der Tyrann. So bezeichnet von seinem gewählten Führer, als müsse er dem Volk die Augen öffnen für das, worum sie ihn gewählt haben: Jetzt übt das Volk die Tyrannis aus und muß es, denn wie Perikles erklärte: „sie aufzurichten mag ungerecht sein, sie aufzugeben ist gefährlich." Den einzelnen einzubinden, schuldig werden zu lassen, ihm die moralische Basis seiner Entscheidung zu entziehen, ihn zu kriminalisieren, kein Weg mehr zurück – dies ist die Methode, damals wie heute.

„Die Rede des Perikles", schrieb Friedrich Nietzsche, „ein großes optimistisches Traumbild, die Abendröthe, bei der man den schlimmen Tag vergisst – die Nacht kommt hinterdrein."

Was hatte Perikles getrieben, der radikaldemokratisch begonnen hatte, das Volk in diese Lage zu bringen. Dem Sog zur Großmachtpolitik hatte er als Politiker nicht entgegenwirken können, so machte er sie zu seiner Sache und erklärte den Krieg. Die Athener erinnerten sich eines Götterspruchs: „Kommen wird einst der dorische Krieg, ihm folgt die Seuche." Die Pest, die die Kampfkraft des Heeres schwächte, arbeitete der Tyrannis zu: mit ihr kam die Sittenlosigkeit erst richtig auf, berichtete Thukydikes, „da war keine Schranke mehr", denn „für seine Vergehen gedachte keiner den Prozeß noch zu erleben".

Auftritt Ödipus. Er muß mit seiner zweiten Arbeit beginnen. Das Unheil, von dem er Theben befreit hat, ist zurückgekehrt als Pest. Er selbst ist geworden, was er getötet hat, die Verderben bringende Sphinx. Was Ödipus zu leisten hatte – dies: Erkenne dich selbst – diese Arbeit hielt Sophokles seiner Athener Gesellschaft entgegen. Der Augenblick der Wahrheit, schrieb Heiner Müller, wenn im Spiegel das Feindbild erscheint. Ödipus.

Zwanzig Jahre nach der Aufführung von *Ödipus* verließ Euripides mit 72 Jahren Athen. Er hatte alles gegeben, wirkungslos. Ihm wurde Gottlosigkeit vorgeworfen. Dem Niedergang Athens war nichts entgegenzusetzen. Er zog auf Einladung des mazedonischen Königs Archelaos an dessen Hof in Pella und schrieb dort, wo Dionysos verehrt wurde, *Die Bakchen*. Sein Vermächtnis. Es wurde seine Rückkehr nach Athen: Die Tragödie führte, als er gestorben war, sein Sohn mit großem Erfolg in Athen auf. Der Gott betritt die Bühne, die ihm geweiht war. Er kommt in die Stadt seiner Mutter, um die Kadmeier für sich und seinen Kult zu gewinnen, und wird verleumdet. Dem König, Pentheus, seinem Vetter, der ihn zu vertreiben sucht, bestimmt er ein Schicksal, das ihm selbst widerfahren war, als die Titanen ihn zerrissen. Weswegen er zum zweitenmal auf die Welt kommen mußte, in Theben. Ein Schicksal, das er Orpheus bestimmte: Als Orpheus, sein Priester, aus dem Hades zurückgekehrt, sich entschloß, nunmehr Apollon zu dienen, ließ er ihn von seinen Mänaden zerreissen. Der Überlieferung nach wurde Euripides in Pella von Hunden zerrissen.

Dionysos bestimmte Agaue, Pentheus' Mutter, Semeles Schwester, für diesen Dienst. Die Familie, die seine Mutter und ihn verleumdet hat, soll sich selbst auslöschen.

> Hättet ihr Besonnenheit
> Gewählt – ihr wolltet's nicht

Dionysos endigt die Geschichte Thebens, seiner Bevölkerung und seines Herrscherhauses. Sie sind eins. Mit dem Willen des Zeus: Das Volk wird in Kriegsgefangenschaft geraten, versprengt in viele Staaten.

WOLFGANG STORCH

> Dafür die Schuld trägt selber der Kadmeier Volk.

Verbannt aus der Stadt die Herrscherfamilie. Nur Kadmos wird zurückkehren mit feindlichem Heer und Delphi ausplündern. Als der Gott verschwunden ist, realisiert Kadmos den Weg, den er jetzt zu gehen hat:

> Ich Elender! Hin zu Barbaren komme ich
> Als fremder Greis!

Euripides' Weg nach Mazedonien. Dionysos hat für Kadmos Illyrien bestimmt.

> Dazu verkündet mir der Spruch,
> Nach Hellas führen würd ich ein Barbarenheer,
> Harmonia, Ares' Tochter, meine Gattin, die
> Zur wilden Schlange würde, würd als Schlange ich
> Bringen zu Hellas' Gräbern und Altären als
> Der Lanzenträger Feldherr; und kein Ende fänd
> Ich Elender der Leiden, keine Ruhe selbst
> Dort drunten auf der Fahrt hinab den Acheron.

Die Tochter Agaue klagt:

> Und ich soll, Vater, dein beraubt, als Flüchtling ziehn!

Kadmos:

> Was schlingst die Arme, arme Tochter, du um mich
> Wie um den greisen Schwan ein graues Schwanenkind?

Antwortete Euripides mit den *Bakchen* auf *Ödipus auf Kolonos* oder Sophokles auf *Die Bakchen* – sie beide in ihren letzten Stücken, ihrem Vermächtnis. Mit der Einkehr des Ödipus auf Kolonos, seiner Aufnahme durch Theseus formuliert Sophokles das Vertrauen, die nicht mehr abzuwendende Niederlage im Peloponnesischen Krieg überwinden zu können. Die Einkehr dessen, der den Krieg durchgesetzt hatte, in das große Vorbild, die Vereinigung von Theseus und Perikles als den Stifterfiguren des Athener Staates. Thebens Geschichte genommen als Spiegel, als Erkenntnis, um die eigenen Fehler zu erkennen, die durch sie bewirkte Schuld anzunehmen. Oder die Entscheidung des Euripides: Athen und Theben sind eines und von beidem, dem Bild des einen auf sich selbst bezogenen Stadtstaates, muß man sich lösen, denn die eine Figur: sei es der streitbare Held, sei es der besonnene Politiker, sei es das stolze Volk, sei es das geschlagene Volk mit seiner stolzen Vergangenheit – die eine auf sich selbst bezogene Gestalt, in ihrer Einheit von Führer und Geführten, wird immer der Hybris verfallen, sei es aus Verblendung, sei es aus Unfähigkeit.

> Vielfält'ge Gestalt weist das Göttliche auf,
> Und viel – unverhofft – bringen Götter zustand.

Singt der Chor, als er die Szene verläßt. Zurück bleibt der zerrissene Körper des Königs. Die Teile gesammelt und zusammengelegt. Bild seines Volkes.

In dem Gedicht „Herakles 13 – nach Euripides" von Heiner Müller ist die Vernichtung der Thebaner nicht das Werk des Dionysos, sondern die Arbeit des Herakles:

> Die dreizehnte Arbeit des Herakles war die Befreiung
> Thebens von den Thebanern

Es folgt der Botenbericht aus dem *Herakles* des Euripides, in dem geschildert wird, wie Herakles im Wahnsinn seine Kinder erschlug – für Heiner Müller das Bild der Zerstörung der Revolution durch ihre Führer. Von ihm inszeniert – in ein Bild gebracht – im *Findling* als „ein (stummes) Zwischenspiel, in dem ein Repräsentant der Väter-Generation Jugendliche mit einem Band Stalin erschlägt." Dazu wird der Botenbericht des Euripides vom Tonband eingespielt.

Ich hatte Dir von Toni Negri erzählt, den ich kennenlernte, als er auf die Bitte von Paul Virilio einen Text über Heiner Müller schrieb. 1983 wollte das Parlament seine Immunität als Abgeordneter aufheben, da die italienische Justiz ihn, den Philosophen, verantwortlich machte für die Taten der Roten Brigaden. Er floh nach Paris und lehrte an der Sorbonne. Dort schrieb er zusammen mit Michael Hardt ein Buch über Dionysos – Die Arbeit des Dionysos. 1997 kehrte er nach Rom zurück, um durch seine Entscheidung, sein Sich-stellen, die Diskussion über die siebziger Jahre, über die „anni di piombo" zu ermöglichen. Was verdrängt wurde, sollte fruchtbar gemacht werden. Er wurde bei seiner Ankunft verhaftet. Schließlich erhielt er semi-libertà: Jeden Abend muß er ins Gefängnis. Der Vormittag ist Sozialarbeit für die Gefangenen, der Nachmittag bleibt ihm, seine Bücher zu schreiben. „Dionysos", schrieb er, „ist der Gott der lebendigen Arbeit, schöpferische Kraft in ihrer eigenen Zeit. Im Verlauf unserer Untersuchung werden wir unser Augenmerk darauf richten, was an Praxis sich entwickelt und an Theorie wirkt, wenn es dem Kapital gelingt, die wilden Energien der lebendigen Arbeit zu bändigen und zu zäumen, um sie in den Arbeitsprozeß einzuspannen. Doch zielen unsere Analysen der praktischen und theoretischen Verzweigungen in den Staatsapparaten, die der Kontrolle und Ausbeutung dienen, nicht auf Ehrfurcht vor diesem ungeheuren Aufmarsch, sondern versuchen im Gegenteil, die Kräfte zu erkennen, die jene Ordnung unterwandern und ihr eine radikale Alternative entgegenstellen." Karl Marx hatte von der bürgerlichen Gesellschaft gesprochen als einem „Hexenmeister, der die unterirdischen Gewalten nicht mehr zu beherrschen vermag, die er heraufbeschwor". Negri widmet seine Arbeit „diesen schöpferischen, dionysischen Gewalten der Unterwelt".

Unsere Arbeit, den Raum, den wir bereiten für das Publikum, ist Jerusalem, sagte Kounellis. Ein Satz, als hätte ihn Aischylos gesagt. Eine Vertikale gegenüber der Homogenisierung, der Globalisierung, die sich über unser Gewordensein hinwegsetzt. In der Hoffnung, daß wir denen, die uns vorausgegangen sind, eine Stimme verleihen können, damit sie zu uns sprechen. Daß sie sich von uns befreien können und zurückkehren. Erwartet und befürchtet die Rückkehr der Antigone. Ersehnt und befürchtet die Einkehr des Dionysos.

Der Chor der Schauspieler, der in die Halle tritt, um *Die Bakchen* aufzuführen, sagtest Du, Theodoros, ist eine Gruppe der Armen, der Arbeitslosen, der Immigranten – Zeugen der neuen Armut, die die Welt ergriffen hat, beraubt ihrer Heimat, die sie nicht mehr ernährt. Die Gruppe teilt sich in die Rollen. In jedem ist alles vorhanden, und er wird es im Spiel erfahren. Die Mächtigen werden von denen gespielt, die von unten kommen. Nichts ist fremd, aber die Macht ist das andere. Die Stimme gehört denen, die keine Stimme haben in der Gesellschaft.

In der Erwartung, wie sich der Raum von Kounellis für uns zeigen wird,
sei herzlich gegrüßt von

Deinem Wolfgang

Volterra, Mai 2001

Jan Assmann

Ägypten Theben Griechenland

Wenn wir nach der mythischen Bedeutung Thebens fragen, nach seiner Bedeutung auf der geistigen Landkarte der Griechen, als ‚lieu de mémoire', als Erinnerungsort, so fallen gleich drei Motive ins Auge, die in den Orient weisen: erstens der Name seines Gründers, Kadmos, zweitens die Namensgleichheit mit dem ägyptischen Theben und drittens die Sphinx. Diesen drei Motiven möchte ich im Folgenden nachgehen.

Kadmos

Der Name Kadmos bedeutet „der Östliche", „der Mann aus dem Osten". Schon das weist in den Orient. Diese Bedeutung des Namens kommt aber nicht aus dem Griechischen und war den Griechen selbst gar nicht durchsichtig. Sie kommt vielmehr aus dem Phönizischen, Kanaanäischen oder Hebräischen, wo qadmu, qädäm „vor", „alt" und „Osten" bedeutet; die Semiten hatten in ihrer räumlichen und zeitlichen Orientierung den Osten und die Vergangenheit „vor Augen"; daher konnte die Wurzel qdm diese drei Bedeutungen annehmen. Vielleicht hat Kadmos, nach seinem Namen und seiner Herkunft befragt, beide Fragen in der Antwort „Qadmy", „der Mann aus dem Osten" zusammengefaßt, woraus dann im Griechischen Κάδμος wurde. Die Bedeutung des Namens war also den Griechen undurchsichtig; er bewahrt eine unbewußte Erinnerung, die sich erst dem Kenner des Semitischen enthüllt. Aber die Herkunft aus dem Osten war den Griechen sehr wohl bewußt. Kadmos und Phoinix („der Phönizier") galten als Söhne des Phöniziers Agenor und Brüder der Europa, die Zeus, als sie am Strand spielte, in Gestalt eines Stiers über das Meer entführte. Andere erzählen, daß Phoinix der Vater von Europa und Kadmos war. Kadmos verfolgte die geraubte Schwester bis nach Griechenland; auf den Rat des delphischen Orakels hin gibt er aber die Suche auf und gründete Theben. Kadmos soll die „phoinikeia grammata", die phönizischen Buchstaben, nach Griechenland mitgebracht haben; von ihm lernten die Griechen Lesen und

Schreiben. Die Griechen waren sich der orientalischen Herkunft ihres Alphabets immer bewußt geblieben. So viel wußte man sich von Kadmos, dem „Mann aus dem Osten" zu erzählen, auch wenn man die Bedeutung des Namens vergessen oder nie gekannt hatte. Die Archäologie hat diese Legenden auf das Sensationellste bestätigt. Im Kadmeion, der mykenischen Burg von Theben, wurden neben anderen Objekten aus dem Nahen Osten 38 orientalische Zylindersiegel gefunden, mehr als ein Drittel aller in der Ägäis gefundenen Siegel! Offenbar waren die orientalischen Assoziationen des Namens „Kadmos" nicht ganz aus der Luft gegriffen; hier waren alte Erinnerungen an östliche Ursprünge lebendig geblieben. Der Fall Kadmos mit seiner westsemitischen Etymologie ist ein Beispiel für die unbewußten Dimensionen des kulturellen Gedächtnisses. In sprachlichen und anderen Symbolen kann ein Wissen gespeichert sein, das den Trägern dieser Kultur gar nicht mehr voll zugänglich ist und das doch immer wieder in den Vordergrund tritt.

Theben

Aber auch der Name „Theben" (Θῆβαι) selbst weckte orientalische Assoziationen. Genau so hieß das „hunderttorige" Theben in Ägypten, von dem schon Homer erzählt (Il. IX, 383-84). Jeder wußte, daß es zwei „Theben" gab, eines in Böotien und eines in Ägypten, und wußte überdies, das solche Namensgleichheit kein Zufall war, sondern auf verborgene Beziehungen verwies, genauso wie der Name des Kadmos. Unter einer „hunderttorigen" Stadt mußte man sich eine ungeheure Metropole vorstellen; eine normale Großstadt besaß vielleicht vier Tore, das himmlische Jerusalem zählte zwölf, aber hundert Tore – das war nicht nur eine städtebauliche, sondern auch eine militärische Unmöglichkeit. Wie sollte man eine solche Stadt verteidigen? Diesem Einwand kommt Homer zuvor, denn er sagt, daß aus jedem Tor zweihundert Krieger auszogen: er denkt gar nicht an Verteidigung, sondern an Angriff. Bei der „Hunderttorigkeit" des ägyptischen Theben handelt es sich aber um ein Mißverständnis, das sich leicht aufklären läßt. Dieses Beiwort verdankt das ägyptische Theben, das nie eine Stadtmauer besaß, nicht seinen Stadttoren, sondern seinen monumentalen Gräbern, deren gewaltige Portale und Pylone von den Felshängen der westlichen Totenstadt weit ins Land blickten. Noch die heutigen Bewohner Thebens nennen diese Gräber „Tore" *(bibân)*. Wie konnte es aber zu dieser Namensgleichheit kommen? Das ägyptische Theben hieß „Wēse"; darin konnte niemand „Thēbai" hören. Nun gab es aber auf der Westseite, inmitten der „hundert Tore" eine Siedlung namens Djēme, das griechischen Ohren vielleicht wie „Thēbe" klang. Aber irgendetwas muß doch wohl noch dazugekommen sein, um die Griechen, die von Djēme hörten oder gar dorthin gelangten, an ihr Theben zu erinnern.

Tatsächlich finden sich bei Theophrast, Plutarch, Plinius und anderen Autoren gelegentlich Vergleiche der böotischen Kopais mit der ägyptischen Nillandschaft. Hier wie dort gab es schwimmende Inseln, Wasserpflanzen, Dattelpalmen und Leinenproduktion. Das weist allerdings nur nach Ägypten, nicht speziell nach Theben. Das ägyptische Theben hatte jedoch auch eine mythische Bedeutung, und hier tut sich eine erstaunliche Parallele zum böotischen Theben auf. Theben war die heilige Stadt des Amun, den die Griechen dem Zeus gleichsetzten. Der Gott Amun war der höchste Gott des ägyptischen Pantheons. Jeder Pharao galt als sein Sohn. In diese Sohnschaft trat er mit der Krönung ein, indem er mit dem Vollzug des Krönungsrituals anstelle seiner historischen eine mythische Biographie erhielt. Diese mythische Biographie stellte in einem Zyklus von Bildern und Inschriften dar, wie Amun, der Herr von Theben, den neuen König gezeugt hatte, indem er in Gestalt seines vermeintlichen Vaters der Königin, seiner Mutter, beigewohnt hatte. Dieser Mythos blieb bis zum Ende der ägyptischen Kultur, also bis in nachchristliche Zeit lebendig; nur wurde er im ersten Jahrtausend v.Chr. von der politischen Ebene, die diesen erhabenen Bildern nicht mehr entsprach, auf die Götterwelt übertragen. Jährlich wurde in allen großen Tempeln des Landes die Geburt des Gottkindes gefeiert. Aber selbst in dieser Spätform war es immer der thebanische Gott Amun, der den neuen Gott zeugte. Der Mythos blieb unablöslich mit Theben verbunden.

Der ägyptische Königsmythos, der uns an das Weihnachtsfest denken läßt, ließ die Griechen an die Zeugung und Geburt des Herakles denken, der auf genau dieselbe Weise zur Welt kam. Zeus hatte die Gestalt des Königs angenommen, um in dieser Maske der Königin beizuwohnen, und auf diese Weise das Kind gezeugt, das den Namen Herakles erhielt. Die Eltern hießen Amphitryon und Alkmene, und die Geschichte spielt in Theben. Theben ist der Ort, an dem der höchste Gott zur Welt herabsteigt, um mit der Königin einen neuen König und Heilsbringer zu zeugen, in Böotien wie in Ägypten.

Sphinx

In der Gestalt der Sphinx schließlich verbanden sich die phönizische und die ägyptische Seite der orientalischen Assoziationen, die für griechische Ohren mit dem Namen Theben verbunden waren. Die Sphinx stammt aus Ägypten, aber sie war auf dem Umweg über Syrien und Phönizien zu den Griechen gekommen. Auf diesem Weg hatte sie ihr Geschlecht verändert und war zu einem geflügelten Fabelwesen geworden. In Ägypten war die Sphinx kein Fabelwesen, sondern ein Element der königlichen Ikonographie, eine Form, in der sich der König darstellen lassen konnte. Das griechische Wort „Sphinx" geht auf ein ägyptisches Wort zurück, das vermutlich „spanch" ausgesprochen wurde und „Bild" bedeutete (wörtlich: „das Leben empfängt"). In Ägypten ist „die" Sphinx männlichen Geschlechts, da sie ja den König darstellt. Schon in der ägyptischen Ikonographie kommt „der" Sphinx zuweilen mit Flügeln vor. Regelmäßig wachsen ihm die Flügel jedoch erst auf seinem Weg durch Vorderasien. Hier löst sich der Sphinx von seiner Rolle als Königsbild und wird zu einem selbständig handelnden dämonischen Wesen. Auch in der kretischmykenischen Bildwelt spielt der, vielleicht zuweilen auch schon die Sphinx eine große Rolle. Die griechische Sphinx ist dann nur noch weiblich. Wir wissen nicht, in welchem Umfang den Griechen die ursprünglich ägyptische Herkunft dieses Mischwesens mit Menschenkopf, Löwenleib und Vogelflügeln noch bewußt war. Auch hier haben wir es mit einem Symbol zu tun, das als Speicher einer weitgehend vergessenen Erinnerung diente.

Diese Sphinx nun läßt sich in Theben nieder und bereichert den Namen dieser Stadt um eine weitere orientalische Assoziation. Hier tritt sie als Rätselstellerin auf; dergleichen hatte sie weder in Ägypten noch in Vorderasien getan. Wer das Rätsel nicht lösen kann, wird von ihr verschlungen. Die Ägypter kannten ein anderes menschenverschlingendes Mischwesen, das sich aus Krokodil, Löwe und Nilpferd zusammensetzte. Es hockte neben der Waage des Totengerichts und verschlang die Unglücklichen, die diesen Test nicht bestanden. Das Rätsel, das die thebanische Sphinx stellte, lautet bekanntlich: „Wer geht am morgen auf vier, am Mittag auf zwei und am abend auf drei Beinen?" und die Antwort, die nur Ödipus fand, ist „der Mensch. Als Säugling kriecht er auf allen vieren, als Mann steht er fest auf zwei Füßen und als Greis stützt er sich auf einen Stock." Daraufhin stürzt sich die Sphinx vor Verzweiflung in den Abgrund und verschwindet für immer. Damit, so deutete Hegel den Mythos, ist der Mensch, der dem Ägypter noch ein Rätsel war, bei den Griechen sich seiner selbst bewußt geworden.

Das Rätsel der Sphinx erinnert an die geheimnisvollen Worte, die Plutarch und Proklos als Inschrift auf dem „verschleierten Bild zu Sais" überliefern: „Ich bin alles, was da war, ist und sein wird. Kein Sterblicher hat meinen Schleier aufgehoben." Proklos überliefert noch den Zusatz: „Das Kind, das ich hervorbrachte, wurde die Sonne." So könnte auch die Sphinx sprechen: „Ich bin, der am Morgen auf vier, am Mittag auf zwei und am Abend auf drei Beinen geht. Wer bin ich?" Die Antwort würde aber dann im ägyptischen Verstande nicht lauten „der Mensch", sondern „der Sonnengott". Die Ägypter stellten die Morgensonne als kleines Kind, die Mittagssonne als falkenköpfigen Mann und die Abendsonne als Greis dar, der sich gebeugt auf seinen Stock stützt. Der Sonnengott durchlebte eine ganze Lebenszeit im Verlauf eines Tages. Nun sahen die Ägypter in der großen Sphinx von Gîza in der Tat den Sonnengott. Sie verehrten ihn in dieser Erscheinungsform unter dem Namen Harmachis, „Horus im Horizont". Dieser sphinxgestaltige Gott hätte die Rätselfrage stellen können und so mag auch die thebanische Sphinx zu ihrem Rätsel gekommen sein. Diese Möglichkeit wird vermutlich keinem Griechen in den Sinn gekommen sein, aber dass die Sphinx aus Ägypten stammt und das Ägypten ein Land voller Rätsel ist, war allgemein bekannt. Plutarch schreibt, daß die Ägypter Sphingen vor ihren Tempeln aufgestellt hätten, um anzudeuten, daß ihre Götterlehren rätselvolle Weisheiten enthielten.

Kadmos, Theben, Sphinx – diese Begriffe bildeten in griechischen Ohren einen orientalischen Akkord, der ihnen, auch wenn die einzelnen Zusammenhänge undurchschaubar geworden und in Vergessenheit geraten waren, immer ein Bewußtsein ihrer kulturellen Verwurzelung in den uralten Hochkulturen Ägyptens und Vorderasiens wach hielt.

Etel Adnan

Denn der ist gefährlich,
der die Götter ehrt

Noch immer quälen griechische Frauen aus alten Zeiten unsere Vorstellung. Eine Prozession weiblicher Erscheinungen betrat die Bühne, erreichte einen Höhepunkt an Leidenschaft und Wut und verschwand in einem Chaos aus Gefühlen und Delirien, das wir „Tragödie" nennen.

Die scheinbar eingängigste, doch schließlich undurchsichtigste weibliche Gestalt der griechischen Tragödien, die auf uns kamen, ist Antigone.

In seiner bemerkenswerten Studie *Antigone*, Antitheos, der innere Künstler. Hölderlin, Wagner, Nietzsche" erklärt Wolfgang Storch die Erscheinungsform der Antigone in ihrer Bedeutung für einige der wichtigsten deutschen Dichter und Philosophen. Die Lektüre von *Antigone* revolutionierte ihr Denken. In ihr erkannten sie die Verkörperung der Rebellion gegen politische Unterdrückung. Antigone wurde Modell, Medium, durch das ihre Betrachtungen zur Freiheit und zur Kunst Ausdruck finden konnten. Sie wurde wesentlicher Bestandteil der Auseinandersetzung mit dem griechischen Denken, das die deutsche Kultur durchzieht. Eine tragische Heldin, die nicht nur gegen den Staat aufstand, sondern für ihre Familie Buße leistete, womit ihr Geschlecht endete.

Aufzuzeigen sind die komplexen inneren Motivationen, die Antigones eigensinnigen Handlungen Energie verleihen. Sie formen nicht nur einen zielstrebigen Charakter sondern eine Persönlichkeit, deren innerer Reichtum uns noch immer die verwirrendsten Fragen stellt.

Wer ist Antigone? Ihre (mythischen) Ahnen lassen sich bis zu Dionysos zurückverfolgen, dem dunklen, treibenden und getriebenen Gott, dessen Stadt Theben ist. Die babylonisch-kanaanitischen Seiten dieser Abstammung stellen eine Verbindung zum Orient her.

Antigone ist die Tochter von Ödipus, König von Theben, Sohn des Laios, der den Fluch der Götter trägt. In *Sieben gegen Theben* läßt Aischylos durch Eteokles, Sohn des Ödipus, den Geist und die Dimension anklingen, in der drei Generationen einer Herrscherfamilie für die von Laios begangene Sünde bezahlen werden. Eteokles klagt:

> O gottverblendetes, o du gottverworfenes
> Und allbeweintes, mein Geschlecht des Ödipus!
> Weh mir! Des Vaters Flüche werden jetzt erfüllt.

So lastet auf Antigone ein ererbter Fluch, sie ist von Anfang an verdammt.

In allen Tragödien, die sie erwähnen, verrichtet sie eine einzige verhängnisvolle Handlung: ein Ritual, das Begräbnis von Polyneikes, ihrem Bruder, gemäß den heiligen Regeln, die das Reich der Toten beherrschen.

Polyneikes erscheint nicht als liebenswerter Mensch. Um das Erbe liegt er im Streit mit Eteokles. Er schließt ein Bündnis mit Thebens Feinden und führt einen Angriff gegen die Stadt seiner Geburt. Beider Brüder Tod ist diese Schlacht. Kreon, ihr Onkel und neuer Herrscher über die Stadt, „straft" Polyneikes, indem er seinem Leichnam die traditionellen Begräbnisriten verweigert.

Antigone nimmt es auf sich, Kreons Befehl zu mißachten und verrichtet am Toten die heiligen Handlungen. Sie ist sich der Bedeutung und der Konsequenzen ihrer Tat bewußt:

> Und wenn ihn denn kein andrer mitbegraben will,
> Will ich ihn doch begraben, will die Gefahr verschmähn,
> Zu begraben meinen Bruder; nimmer scheu ich mich,
> So ungehorsam mich zu weigern des Gebots.
> Ein großes Wort, geboren sein von einem Schoß
> Der armen Mutter, eines schuldigen Vaters Blut!
> Drum, meine Seele, gern dem Ungernfrevelnden
> Weih lebend dich dem Toten treu und schwesterlich!

Knapp und prägnant, in wenigen Zeilen, beschreibt Aischylos Antigones eigensinnigen Willen, ihre Zwangslage und ihr unvermeidliches Verhängnis.

Die Antigone des Sophokles wird zu einer zentralen Figur, ein durchgearbeiteter Charakter, geradezu historisch, Sinnbild für unumkehrbare Rebellion und verhängnisvolles Ende.

Antigone ist loyal gegenüber Polyneikes, ihrem Bruder, gegenüber Ödipus, dem Vater dessen, dem ein Begräbnis verwehrt ist, und den Göttern gegenüber, deren Gesetze mißachtet werden.

Da wir uns in unseren Gesellschaften bereits seit langer Zeit dem heiligen Charakter des Todes verweigert haben, könnten wir in der Bewertung von Antigones heiliger Pflicht irren, der wohl höchsten Pflicht in archaischen Gesellschaften. Es gibt etwas Absolutes um den Tod, das alles zeichnet, was ihm nah ist. Die sogenannten „primitiven Gesellschaften" ehrten die Welt der Toten ebenso, wenn nicht noch mehr, wie die der Lebenden.

Antigones Schwester, Ismene, warnt:

> Dies auch denke, Weiber sind wir,
> Und dürfen so nicht gegen Männer streiten.

Antigone ist bereit, dies grundlegende Gesetz zu übertreten:

> doch ihn
> Begrab' ich. Schön ist es hernach, zu sterben.

Ihre Bestimmung entzündet ihre Vorstellung, versetzt sie in Taumel, Raserei. Sie beschwört die Toten, eins mit der Idee des Todes, das Reich der Toten schauend und ihre eigene letzte Reise dorthin:

> Lieb werd ich bei ihm liegen, bei dem Lieben,
> Wenn Heiligs ich vollbracht. Und dann ist's mehr Zeit,
> Daß denen drunten ich gefall, als hier.
> Dort wohn ich ja für immer einst.

Wir entdecken das große Ausmaß ihres religiösen Geistes in einer Kultur, in der die Religion untrennbar mit der Unterwelt verbunden ist. Das weiß sie, akzeptiert es und fügt sich darein:

> Ich weiß, wem ich gefallen muß am meisten.

Die Macht des dem Tode Verbundenen hat Vorrang bekommen vor dem Leben.

Antigone ist niemals abgelenkt von ihren Obsessionen. Sie ist allein der Welt der Toten zugewandt, bis dahin, daß sie nie Bezug nimmt auf die Welt, wie wir sie kennen, das Licht, die Dinge des Alltags, die Landschaft, die sie umgibt. Ihre Welt ist rein geistig. Im Ganzen eine innere Welt. Sie hat keine Nähe zu den Problemen der Lebenden, kein Verlangen nach Macht. Ihres sind Klage und Schicksal.

Der Fluch, der auf Laios und seinen Nachkommen lastet, umfaßt notwendig auch ihr Schicksal. Sie gehört zu einer Familie von Verlierern, bestimmt zum Leid und zu gewaltsamem Tod. Um dieser Familie wirklich anzugehören, muß sie ihr Schicksal teilen, an ihrem Unglück teilhaben.

Etwas Mysteriöses erscheint: in ihrer Rebellion, ihrem Widerstand, ihrem Mut entdecken wir einen übermenschlichen Stolz, eine heftige Wertschätzung ihres Stolzes in ihren eigenen Augen, der Stolz, die tiefe menschliche Sehnsucht nach Leben überwunden zu haben und einen gewählten Tod willkommen zu heißen.

> Ich wußte aber, daß ich sterben müßte.
> Warum nicht? hättst du's auch nicht kundgetan.
> Wenn aber vor der Zeit ich sterbe, sag ich, daß es
> Sogar Gewinn ist. Wer, wie ich, viel lebt mit Übeln,
> Bekommt doch wohl im Tod ein wenig Vorteil?

Darauf der Chor:

> Man sieht das rauh Geschlecht vom rauhen Vater
> Am Kind! Allein beiseit im Übel kann's nicht.

Jahrhunderte hindurch wurde betont, daß sich Antigone gegen Kreon als Oberhaupt des Staates aufgelehnt hat. Die Bestimmtheit ihrer Entscheidung wurde von Revolutionären gewürdigt, die sie zum Modell machten. Das ist eine verständliche Interpretation ihrer Tat.

Doch muß zuerst kurz auf den Hintergrund der Beziehungen zwischen Ödipus' Clan und Kreon eingegangen werden.

Kreon ist Iokastes Bruder. Zwischen ihm und Ödipus bestanden immer Spannungen. In *König Ödipus* bezichtigte Ödipus Kreon der Intrige, ihn absetzen zu wollen, und verkündete, er werde ihn hassen, wo er auch sein sollte.

In *Ödipus auf Kolonos*, erfahren wir, daß Kreon Ödipus verbannt, obwohl dieser sein Leid durchschritten hat, gealtert ist und sein Leben in eigenem Haus beenden will.

Die Spannung zwischen den Widersachern erreicht den Höhepunkt, wenn Kreon auf Kolonos Ödipus' Tochter ergreift, sie vor ihrem Vater entführt, der weiß, daß ihm nichts mehr im Leben geblieben ist als seine zwei Töchter. Theseus befreite sie aus der Gefangenschaft, aber Antigone wird die Demütigung nicht vergessen, nicht vergeben.

Obwohl sich viele Philosophen und Schriftsteller bis heute für die politischen Implikationen von Antigones Rebellion gegen den Staat interessieren, ist zu bemerken, daß dieser Aspekt von Antigones Handlung innerhalb der Tragödien, die uns überliefert sind, wenig kommentiert wird. Vor allem in den westlichen Zivilisationen wurde eine Zwickmühle geschaffen hinsichtlich der Gleichung „Religion versus Staat", unserer Pflichten der einen oder dem anderen gegenüber und der Krise, die aus dem Interessenkonflikt resultiert.

Der Mangel an politischer Analyse von Antigones Rebellion in den Stücken von Aischylos und Sophokles verdeutlicht, daß die Ödipus Saga weder in erster Linie politisch ist noch religiös, sondern auf die Beschreibung des menschlichen Schicksals zielt, exemplifiziert an der tragischen Geschichte einer Familie durch drei Generationen hindurch.

Wir sehen uns nicht, wie zum Beispiel in den meisten Stücken Shakespeares, mit politischen Ambitionen an sich konfrontiert, ihren Intrigen, ihrer überwältigenden Bedeutung. Eher sind wir Zuschauer eines Dramas, in dem die Protagonisten auf der einen Seite die Götter, auf der anderen menschliche Wesen sind. So viel geschieht, und noch immer hat die Situation eine einzigartige Erhabenheit.

In Beziehung zu den Göttern – und ebenso durch die Ausformung ihrer eigenen Charakterzüge, die wir als Ausdruck ihrer Freiheit nehmen – begegnen die Menschen ihrem Schicksal. Das Resultat ist vorhersehbar von Anfang an. Aber die Tragödiendichter zeigen uns, wie die Figuren durch ihren inneren Aufruhr, ihre Psychologie und den „inneren Künstler", den sie in sich tragen, allmählich und unausweichlich ihr eigenes Schicksal schaffen.

Antigones Wahl war nicht so sehr Ergebnis einer rationalen Auseinandersetzung zwischen zwei miteinander in Konflikt geratenen Loyalitäten, sondern vielmehr verstrickt mit einer leidenschaftlichen inneren Welt, instinktiv gebunden an Familie und Blut. Eine stürmische Frau, von einer Situation überrascht, verwilderte. Bereit, so ihre eigenen Worte, der Gefahr allein ins Auge zu sehen. Ihr eiserner Wille läßt sie der westlichen Welt, deren Helden Napoleon, Faust oder Ahab heißen, attraktiv erscheinen.

Antigone, so meine ich, ist aber keine wirkliche „moderne" Heldin. Auch ist nicht von vordringlicher Bedeutung, sie unter dem Aspekt der „Modernität" zu sehen. Sie ist eine eminent archaische Figur, die an die archaischen Instinkte appelliert, von denen die Menschen getrieben werden, heute mehr denn je.

Der Schlüssel zu ihrer „Verrücktheit" liegt nicht in Polyneikes' Schicksal, sondern in ihrer Beziehung zu Ödipus.

Sie ist nicht verwandt mit Hölderlin, der die Zeiger der Uhren in seinem süßen Irrsinn an die rechte Stelle rücken wollte, um der Welt Harmonie zu geben. Sie ist die Schwester von Medea, von Kassandra, Frauen, die sich gegen die Härte des Schicksals, der Bestimmung auflehnen und in dieser Rebellion, in ihrer Rache und ihrem Selbstopfer das letzte wilde Vergnügen suchen, mit sich eine ganze Welt zu zerstören.

Sowohl bei Aischylos als auch bei Sophokles beobachten wir Antigones wütende Einsamkeit: sie tritt ihrer Mutter Iokaste auf der Bühne nie gegenüber, niemals wird sie im Gespräch mit ihr gesehen. Sie erwähnt Haimon nicht. Nur durch Kreons Worte erfahren wir, daß sie ihm, ihrem Cousin, verlobt ist. Seine starke Leidenschaft für sie läßt ihn angesichts ihres Todes Selbstmord begehen. Dennoch spielt er keine Rolle in ihrem Denken. Ismene, ihre Schwester, hat mit ihren Argumenten keinen Einfluß auf sie und scheint ihr als reiner Schatten zu folgen. Nirgendwo spricht sie direkt zu Polyneikes, zu ihrem anderen Bruder oder zu einem anderen Menschen – mit Ausnahme von Ödipus und Kreon, dem Geliebten und dem Gehaßten.

Geboren in eine dem Untergang geweihten Familie, ist Antigone in einer Welt gefangen, in der sich alles als mehrdeutig erweist, in der es keine rationalen Lösungen gibt. In dieser Situation, gezwungen zu einer unerträglichen Klarheit, interessiert sie sich schließlich weder für die Götter noch für die Belange des Staates. Ihr Interesse gilt einzig und allein Ödipus. Und als Konsequenz Kreon, seinem Feind. Sie ist eine Rächerin. Ihre Wut ist grenzenlos und sie ist gerichtet, da sie von einer einzigen Figur besessen ist: dem Vater, den Blutsverbindungen zwischen ihnen, ihrer Leidenschaft für ihn und dem Verlangen, nicht dem Willen der Götter zu folgen, deren Fluch Ödipus zerstörte, sondern der Linie von Ödipus' Leben, geprägt von Wille, Widerstand und Schicksal.

Antigone trägt eine innere Wunde. Sie ist eine Lebend-Tote. Ismene sagt sie:

> Sei gutes Muts! du lebst, doch meine Seele,
> Längst ist sie tot, so daß ich Toten diene.

In ihrer Klarheit weiß sie, daß sie sich durch das auf ihrer Familie lastende Verhängnis in der Welt der Lebenden niemals frei bewegen kann. So wird sie in der Welt der Toten wirken. Hier gibt es nur Leidenschaft oder Wut, die um die Figur des Vaters kreisen. Sie ist sich der Bindung an den Vater bewußt und spricht zum Chor:

> Die zornigste hast du angereget
> Der lieben Sorgen,
> Die vielfache Weheklage des Vaters

Sie nennt Ismene:

> Gemeinsamschwesterliches!

und betrachtet Polyneikes als des Vaters Sohn, Sohn von Ödipus' Fleisch. Ihn nicht zu begraben hieße, Ödipus' selbst das Begräbnis zu verweigern.

Sie lebt in einem permanenten Sturm. Sophokles sieht in ihr das Kind einer ungeheuerlichen Doppelbindung, Ergebnis einer doppelten Sünde. Ihr Leben verläuft parallel zu dem des Ödipus.

Sie erhebt sich gegen Kreon, so wie es Ödipus am Ende seiner Herrschaftsübergabe tat. Wie ihr Vater lebt sie in äußerster Einsamkeit, verlassen, gezwungen, ziellos in die Irre zu gehen. Wie er sieht sie die Familie vergehen mit dem Tod ihrer Brüder. Wie ihr Vater zerstört sie sich selbst, in ihrem Fall ein Selbstmord durch Erhängen. Und selbst in diesem letzten Akt schließt sie den Kreis der Familie. Sie tötet sich auf dieselbe Weise wie ihre Mutter Iokaste, ein Selbstmord begründet in der Sünde desselben Mannes: Gemahl und Sohn der einen, Bruder und Vater der anderen.

Wie Ödipus ist Antigone unschuldig. Beide sind gefangen in einer moralischen Ambiguität, die nicht ihr eigenes Werk ist: Ödipus wurde zum Vatermörder in einem klaren Fall von Selbstverteidigung, Antigone zur Ausgestoßenen durch den Vollzug einer heiligen traditionellen Pflicht.

Antigone ist Ödipus am nächsten. Sie identifiziert sich schließlich mit ihm. Als er blind ist, ein Ausgestoßener, wird er von ihr geführt, sie wird, so sagt er, zu seinen Augen, in einer Art von Einheit mit ihm. Als er stirbt, verlangt es sie, ihm in den Tod zu folgen. Sie bittet Ismene:

> Folge dahin, schnell mich zu töten!

Ein eigentümlicher Sinn von „Gerechtigkeit" erscheint am Ende der tragischen Ödipus Saga, wenn der Tod alle Protagonisten verschlungen hat. Die Szene ist leer. „Gerechtigkeit" in ihrer alten griechischen Definition sprach gleiches Urteil über alle, ließ dem Schicksal seinen unaufhaltsamen Lauf. Antigone hat ihr Schicksal mit dem ihres Vaters verschmolzen.

Wir entdecken zwei Elemente am Horizont der Tragödie dieser kurzlebigen thebanischen Dynastie: die überwältigende Präsenz des Inzestes und, versteckt, die Suche nach Erlösung.

Das Drama baut auf dem Spiel mit seinen zwei Protagonisten, einem Vater und seiner Tochter, die auch Bruder und Schwester sind, im Spiel ist Inzest, die größte Beleidigung der Götter, das größte Tabu. Es scheint, daß der Inzest in höchstem Maß mit Fluch behaftet ist, da er natürlich ist in seiner Unnatur, angenehm in seinem Entsetzen. Was Ödipus am meisten entsetzt haben muß, war wohl, daß er nicht nur (unwissend) seine Mutter Iokaste geheiratet hatte, sondern daß er sie liebte und begehrte. Auch für Antigone, im Kontext einer in ihren Augen furchtbaren Tragödie, die um eine inzestuöse Beziehung kreist, können wir annehmen, daß die ausschließliche Liebe zu ihrem Vater (und Halbbruder) einen inzestuösen Unterton hat.

Indem sie das Gewicht des „Fluches" auf sich nimmt, scheint es, als wolle sie durch ihr Leid die Sünde des Vaters abbüßen. Diese Buße kann nur angenommen werden, wenn sie den ganzen Weg geht, wenn sie ihren Vater und sein Geschlecht in deren Tod begleitet, wenn das (Selbst-)Opfer vollendet wird.

Ihre letzte bewußte Tat ist der Tod durch die eigene Hand. Sie wählt den Selbstmord durch Erhängen, in der gleichen Weise wie Iokaste, ebenso ihre Mutter wie die des Ödipus. In ihrem Tod reproduziert Antigone den Tod Iokastes. Indem sie ihre Mutter im letzten und definitiven Akt imitiert, spielt sie deren letzte Rolle und wird selbst zur Mutter und zur Frau von Ödipus.

Antigone heute lesen.

In ihrem kurzen Auftritt in *Sieben gegen Theben* des Aischylos macht Antigone ihren Willen geltend, stolz, herausfordernd, man könnte fast hinzufügen:

überheblich, und auf eine Weise, die Zweifel oder Gegenargumenten keinen Raum bieten. Eine Affirmation jenseits jeder Diskussion. Sophokles zeigt in *Antigone* dieselbe Entschlossenheit. Er macht aus ihr aber eine zentrale Figur, zentral im Sinne seiner kosmischen Weltsicht und der menschlichen Kategorie darin.

In der Instabilität und dem Pessimismus jener Welt liegt die Betonung immer auf dem Willen der Protagonisten. Sie sind vollkommen in ihre Taten eingebunden und am Ende zerstören sie sich selbst. Aber ihre Energie auf dem Weg zur Selbstzerstörung ist so zielgerichtet, daß ironischerweise etwas Positives aus ihren Taten erwächst: die Affirmation des Willens, sei es auch der Wille zu sterben, hat eine solche vitale Kraft, daß sie auf westliche Leser anziehend wirken muß. In Antigones speziellem Fall bezieht sich ihr Wille nicht auf die Wahl des Guten dem Bösen gegenüber, da sie zwischen zwei gegensätzlichen Sichten des Guten gefangen ist. Die eine betrifft den Staat und die zivile Gesellschaft, die andere die Götter. Wir können Antigone unter einem Nietzscheanischen Blickwinkel betrachten, wo sie ihren Platz jenseits von Gut und Böse findet und im alleinigen Bereich eines Willens, dessen Energie aus der Leidenschaft entsteht.

Obwohl ich Antigones Willen als reine Determination bezeichnen könnte, bleiben doch für die Leser der Tragödie des Sophokles unzählige Schlußfolgerungen. In Wolfgang Storch's Essay lesen wir, daß Hegel, Hölderlin und Schelling Antigones Rebellion als einen unvermeidlichen Schritt hin auf eine moralisch überlegene soziale Ordnung sahen. Wir müssen auch Hölderlins Sehnsucht in Betracht ziehen nach der Welt des Unsichtbaren, bevorzugte Sphäre des Heiligen. Der Dichter konnte Antigones Ehrfurcht vor den Gesetzen der Toten nur würdigen, darin das Wiederherstellen des Gleichgewichts sehen: Antigone hilft den Göttern, deren Willen zu materialisieren. Nur durch die menschliche Tat können die Götter ihr inneres Wesen erfüllen, ihre eigene Natur vervollständigen. Um zu existieren, bedurften die Götter, daß ihrem Wort gehorcht wurde, daß es sichtbar gemacht wurde durch den Menschen. Durch die Erfüllung der heiligen Pflichten verbindet Antigone das Göttliche mit unserer Welt.

Indem Antigone das Gleichgewicht durch ihren Ungehorsam zerstört hat, stellt sie ein „metaphysisches" Gleichgewicht her durch ihre Ergebenheit in ein anderes Gesetz.

Hölderlins Verlangen nach den griechischen Göttern war nicht nur romantischer Traum eines Dichters. Es war eine Notwendigkeit. Der Dichter, der das Christentum studierte, fand in der griechischen Antike heilende Gegenmittel zum totalitären Bild des Monotheismus und in der Konsequenz eine Antwort auf das metaphysische Problem des Guten gegen das Böse. Das

Bild von Gott im Christentum führte christliche Theologen dazu, die Existenz des Bösen zu negieren, indem sie das Böse als die Abwesenheit des Guten bezeichneten, eine unbefriedigende Aussage. Die Griechen dagegen in ihrer widersprüchlichen, instabilen, offenen und schwer auszumachenden Welt achteten beides: Ordnung und Chaos, Gut und Böse. Alle göttlichen Kräfte fließen zwischen den beiden Polen von Gut und Böse und erlauben dem menschlichen Geist, die Existenz beider Konzepte oder Realitäten zuzulassen. In diesem dialektischen, interdependenten Raum, zwischen den beiden gegensätzlichen Polen spielt sich das menschliche Schicksal ab.

Bei Sophokles fand Hölderlin die höchste Demonstration dieser kosmisch-menschlichen Situation. Mit Sophokles etablierte die griechische Tragödie ein dynamisches, dialektisches Gesetz der Gegensätze, die nicht autonom dastehen, sondern organisch in ihrer Struktur miteinander verbunden sind und in ihrer Trennung bedeutungslos werden. Hier hat jedes sein Doppelgesicht, jede Wahrheit ist auch nicht wahr, Gut und Böse sind unaufhebbar aneinander gebunden.

Antigone vollzieht das „Gute" durch Befolgung der heiligen Gesetze so wie Ödipus es tut, indem er ein guter Herrscher ist, Retter der Stadt. Dennoch bringen beide Unheil über sich und ihr Geschlecht. In ihrem Willen apollonisch, sind sie dionysisch in ihrem Blut, über Kadmos, ihren orientalischen Ahnen, Nachkommen von Dionysos.

In dieser im wesentlichen dualen Welt, in der die Dinge durch ihre tiefe Bedeutung aneinander gebunden sind (durch „Notwendigkeit", würde Heraklit sagen), befinden sich Götter, Menschheit und Natur, der ganze Kosmos, in einem explosiven Werden, das das Leben ermöglicht, aber um den Preis von Leid und Tod.

Der Philosoph, der neben Hölderlin, Hegel und Schelling einen Adlerblick auf diese griechische Welt geworfen hat, ist Nietzsche. Im Zentrum seiner Vision steht der strukturelle Kampf der Gegensätze zwischen Apollo, dem Sonnengott, und Dionysos, dem Gott der Finsternis. Apollo, dessen dynamisches Licht den Westen anzog, und Dionysos, Vater der Riten, des Aberglaubens und der Leidenschaften, der verkörpert, was wir den Osten nennen. Beide aber repräsentieren gemeinsam die menschliche Rasse.

Diesem Gedankengang folgend, will ich es wagen, Nietzsche selbst einen Sammelpunkt all dieser entgegengesetzten Energien zu nennen, Energien, die Körper und Geist auseinander reißen. Er ist Ödipus (und Antigone in ihrer Identifikation mit Ödipus).

Er rettete die „Stadt", das heißt: die Philosophie, indem er die alte, unbewegliche Sphinx zerstörte, die Zitadelle der alten Logik.

Er rebellierte gegen philosophische Traditionen, gegen die Doktoren und Theologen, und erklärte ihnen, daß sie alle falsche Richtungen auf falschen Wegen nähmen.

Sein Triumph lag in dem Wissen, daß er eine neue Botschaft brachte, er, Christ und Antichrist in einem, mit der Todeserklärung des sklerotischen, absolutistischen Bild Gottes.

Wie Sophokles schaute er jenseits von Gut und Böse und erreichte die Ewige Maschine, die Schicksal heißt, die sich wiederholt, die das Gesetz ist der ewigen Widerkehr des Gleichen (Parmenides), in äußerstem Leid.

Wie Ödipus in seinem kaum ertragbaren Leid, wie Antigone in ihrer kaum ertragbaren Passion, versinkt Nietzsche in einen Abgrund von Schmerz. Seine Verrücktheit ist die endgültige Blindheit seines Geistes.

Wie Ödipus (wie Antigone) wurde er Opfer der dionysischen Instinkte, die sein Leben bestimmten, er, der seine letzte Schrift, seinen Brief an „Ariadne" mit den Worten unterzeichnete: „Ich liebe dich, Dionysos".

Jannis Kounellis im Gespräch mit Frank Raddatz über
den 11. September und die Aufgabe der Kunst. *Dezember 2001*

Was nun oder
wozu Tragödie?

FRANK RADDATZ: Herr Kounellis, welche Wirkung wird von den Terroranschlägen am 11. September ausgehen? Wie wird der 11. September die Welt verändern?

JANNIS KOUNELLIS: Meine jetzigen Arbeiten, die ich ‚Brunnen' nenne, sind vor dem 11. September entstanden. In der Toskana habe ich eine solche Arbeit gemacht, einen weiteren Brunnen habe ich vor dem Eingang der Kirche Sankt Peter in Köln gebaut, und auch der Raum für das Antikenprojekt in der Industriehalle in Düsseldorf gehört zu dieser Reihe. Vielleicht gibt es unterirdische Beeinflussungen. Aber bevor man den 11. September nicht wirklich wahrgenommen hat, können wir nicht wissen, welche Richtung dieser Einfluss nimmt.

Das Unumkehrbare des 11. September liegt darin, dass Amerika zum ersten Mal eine Aggression innerhalb des eigenen Territoriums erleben musste. Man kann noch nicht wissen, welche Effekte dieses Ereignis hervorbringen wird. Im Augenblick beschränkt man sich darauf, im Bombenhagel nach einem einzigen Mann zu suchen. Wir wissen nicht, ob er lebend oder tot gefangen wird. Es herrscht keine stabile Situation, deshalb ist es sehr schwierig sich vorzustellen, was jetzt auf kulturellem Gebiet geschehen wird. Was mich betrifft, stand immer schon die Konfrontation mit einer zerbrochenen Welt im Zentrum meiner Arbeit. Es geht nicht um Harmonie. Man muss der Form der Tragödie folgen, wie sie in Europa entworfen worden ist. Ich denke, es ist schwierig oder unmöglich, über eine dogmatische Gewissheit zu verfügen. Weil es keine absolute Sicherheit gibt, muss unser Denken im Fluss bleiben, offen sein. Das bedeutet nicht Schwäche, sondern Bewusstheit. Das heißt, wir müssen versuchen zu verstehen, was sich am 11. September abreagiert hat. Für eine erfundene Wirklichkeit wie Global Village ist das fast von therapeutischer Wichtigkeit.

FRANK RADDATZ: Interessant ist doch, dass das Konzept vom Global Village aus einem metaphysisch motivierten Raum angegriffen wird.

JANNIS KOUNELLIS: Das Resultat dieses Angriffs sind Bombardements. Der Effekt ist erst einmal nicht metaphysisch, sondern sehr physisch. Diese monumentalen Ideen des Guten und des Bösen, des Falschen und des Richtigen, lassen den Schmerz regieren. Die Politik reagiert, und damit ist eine Leere, ein Verlust von Freude verbunden, der uns alle betrifft. Dennoch darf man sich deswegen nicht von den Zielen seiner künstlerischen Arbeit ablenken lassen und davon, sie zu verwirklichen. Das heißt für uns, Theater zu machen. Dass wir uns bei diesem Theaterprojekt in Düsseldorf mit vier Regisseuren aus unterschiedlichen Ländern gemeinsam mit einem antiken literarischen Phänomen befassen – der Tragödie – zeigt die Notwendigkeit, sich wieder auf ein Zentrum zu beziehen. Das ist von Bedeutung. Die Idee dazu ist vor diesem Katastrophentag entstanden, aber sie hat schon auf eine Notwendigkeit hingewiesen. Im Zentrum steht nicht ein lokales Ereignis oder ein lokales Phänomen, sondern es ist ein literarisches Zentrum, das von allen akzeptiert wurde. Das ist etwas Gutes, etwas Wichtiges. Damit wird auch eine leere Stelle sichtbar: die Unmöglichkeit, moderne glaubwürdige Literatur vorzuschlagen. Wenn wir uns mit der antiken Tragödie befassen, macht uns das auch fehlende Elemente bewusst. Eine Abwesenheit, die sehr verletzend ist. Das ist nicht nur ein Phänomen eines einzigen Sektors. Dieser Mangel betrifft die ganze Kunst der Gegenwart. Ich denke, das Amerika von Jackson Pollock, von Billie Holiday, das ich geliebt und geschätzt habe, das konkret und wirklich kräftig war, fehlt uns. Ein so großes Land ist nicht in der Lage, Modelle vorzuschlagen. Wenn einmal solche Modelle entstanden sind, die einen kräftigen Vorstellungswert erzeugt haben, und wenn nun diese Leerstellen entstehen, dann werden diese Leerstellen zum Freiraum für furchtbare Reaktionen.

FRANK RADDATZ: Ich hatte vor ein paar Jahren ein Gespräch mit Heiner Müller. Er war etwas verzweifelt, weil er die Möglichkeiten für Kunst im Abbau begriffen sah. Er meinte, es muss einen Bezugspunkt außerhalb des Bestehenden geben. Egal, ob der in der Zeit liegt wie eine Utopie oder transzendentalen Charakter hat. Aber wenn es diesen Bezugspunkt nicht mehr gibt, dann kann man keine Spannung aufbauen, und ohne diese Spannung ist das, was ist, nicht mehr beschreibbar.

JANNIS KOUNELLIS: Ich habe vor kurzem in der Zeitung gelesen, dass der französische Intellektuelle Regis Debray ein Buch geschrieben hat über Gott. Debray ist ein Mann, der sehr viel oder alles durchgemacht hat im Leben. Ich denke nicht, dass es ein Rückschritt ist, über Gott zu schreiben, oder dass es ein ganz individuell psychologischer Fall ist, sondern das drückt die vollkommene Unmöglichkeit aus, von Politik oder über Politik zu sprechen. Denn heute gelten in der Politik ausschließlich pragmatische Züge. Die Politik als Idee ist mittlerweile begraben. Aber ich denke, dass die Kunst paradoxerweise doch eine Stimme haben kann, dass es die Möglichkeit der Formulierung gibt, trotz allem.

Man muss aber noch nicht entdeckte, neue Wegen gehen. Ich glaube nicht an diese versprochene neue Weltordnung, an diese hysterische Globalisierung, die alles eins werden lässt. Die Kunst kann in der Zukunft auch eine große Vitalität an sich haben kann. In diesem Punkt bin ich optimistisch. Zumindest, was die Möglichkeit betrifft, ein Gedicht zu schreiben.

FRANK RADDATZ: Interessant ist, daß die Antike so einen Bezugspunkt herstellen kann. Merkwürdigerweise ist die Antike für die Moderne offen. Genauso seltsam ist es, dass sich das Denken der Moderne in seinen theoretischen Konstruktionen immer wieder auf antikes Material bezieht, also Nietzsche auf Dionysos, Freud auf Ödipus usw.

JANNIS KOUNELLIS: Wir beschäftigen uns doch nicht mit der Antike, sondern mit Tragödien. Jeder Ort, jedes Land, jedes Volk hat seine Antike, ob in Griechenland oder im Amazonasgebiet. Die Tragödie ist der Entwurf einer Logik, durch die wir einen Text aufführen. Und diese Tragödientexte sind momentan sehr aktuell. Aber das bedeutet keinen Wertunterschied, ob wir über die griechische Antike oder die Antike der Völker am Amazonas sprechen, die nicht in der Form der Tragödie überliefert ist. In der Tragödie ist das Antike sehr ausgebildet, sehr geformt, so dass man viel tiefer verstehen kann. Dadurch, dass etwas vertieft wird oder tiefer verstanden werden kann, wird eine Freude erzeugt. Über so eine Art von Projekt entsteht eine Vielfältigkeit, eine Vielschichtigkeit des Verstehens. Das hat nichts mit Neoklassizismus zu tun. Wichtig ist, dass etwas gesetzt wird. Das kann sehr eminente Folgen haben. Es geht um diese Setzung. Das hat nichts mit Verzweiflung zu tun. Etwa, dass man in die Antike flüchtet, weil die Gegenwart ein Loch ist und dadurch eine nostalgische Sehnsucht entsteht. Es geht um einen Untergrund und eine Perspektive. Man muss von dem ausgehen, was ist.

FRANK RADDATZ: Charakterisiert sich die Tragödie nicht dadurch, dass sie keine Hoffnung vermittelt?

JANNIS KOUNELLIS: Das Schicksal nimmt eine wichtige Rolle ein. Es gibt keinen Zufall. Das ist auch für den Umgang mit der Tragödie wichtig. Es kann keine Suche nach Bravour geben, nach Glanz. So ein Projekt wie dieses kann uns Hinweise auf die Zukunft geben. Das ist das Wichtigste.

FRANK RADDATZ: Man kann die Tragödie auch als Gegenentwurf zur Postmoderne lesen. Eine ihrer Botschaften, dass das Leben schwer ist, im Gegensatz zu dem postmodernen Lebensgefühl, das von der Leichtigkeit ausgeht. Sloterdijk spricht einmal von dem unsichtbaren Tiefenweltkrieg in der Moderne zwischen dem Schweren und dem Leichten.

JANNIS KOUNELLIS: Das, was wir Postmoderne nennen, ist eine Richtung der Philosophie. Aber ansonsten gibt es das nicht. Es gab ein Zeitphänomen in der Architektur, einen Neodekor-Aktivismus. Doch das hat nichts mit Denken zu tun. Das ist nur Ausdruck davon, dass das Zentrum verlassen ist. Die Fragmentierung entsteht, wenn das Zentrum seine Attraktion verliert. Wenn die Kräfte verloren gehen, die alles in diesem Zentrum gebunden haben, dann verliert sich die Fähigkeit, ein Bild zu erzeugen. Es gibt den Versuch, aber leider weiß man nicht, wie man das machen kann. Nicht weil da überall Unsicherheit herrscht. Es scheint eher so, dass sich die Mittel, die Instrumente, die man dazu braucht, aufgelöst haben. Das Problem ist die Differenz zwischen der Absicht und den Mitteln.

FRANK RADDATZ: Heiner Müller bezog sich in diesem Zusammenhang auf die These, dass sich durch die Mechanisierung Welt auflöst in Virtualität, weil die Realität nur noch als Bild erfahren, also entwirklicht wird.

JANNIS KOUNELLIS: Diese mechanisierte Welt gibt es nicht mehr. Wir leben in der Welt der Computer, die genau das Gegenteil der mechanischen Welt ist. Und die Welt des Computers schafft Desinteresse. Nichts wundert einen mehr. Aber ich denke nicht, dass der Computer mir etwas über die Zukunft sagen kann. Wahrscheinlich können mir die Tragödien, die von der archaischen Welt sprechen, mehr über die Zukunft sagen. Die Computer sind mittlerweile wie die anderen elektrischen Geräte, die man bei sich zu Hause hat.

In diesem Zusammenhang hat mich beeindruckt, was ich vor kurzem gelesen habe, dass es eine neue Strategie des Luftkriegs gibt. Es wird eine solche Menge an Bomben abgeworfen, dass man nichts mehr wahrnehmen kann. Das ist Weltuntergang als Strategie. Städte, die aus einer Jahrtausende langen architektonischen Geschichte entstanden sind, werden zu Wüste. Auf der einen Seite haben wir diesen kleinen Apparat, der auf Zeichen basiert, und auf der anderen eine eiserne Gesellschaft. Das sind Widersprüche, die es jetzt gibt. Die immateriellen Zeichen organisieren einen Aufmarsch des Eisens. Es gibt diese unsichtbaren Kriege zwischen zwei verschiedenen Stoffen. Aber der große Aufmarsch des Eisens kann nicht von einem Aufmarsch der Information, der Zeichen, ersetzt werden. Den Flugzeugen wird eine Information als Botschaft gesandt, und daraufhin wird eine Flut von Eisen abgeladen. Der Pilot reist durch eine Landschaft von Informationen, für die Opfer ist es die Erfahrung einer Realität des 19. Jahrhunderts. Und diese Differenz zwischen der Leichtigkeit der Zeichen und der Schwere des Eisens ist das Neue, das die Wirklichkeit verändert. Die Schwere des Eisens wird durch künstliche Oberflächen vertuscht. Das verändert das Schwere der Geschichte und die Wahrnehmung davon. Denn Gewicht ist eine Wirklichkeit. Keine Vorstellung. Keine Phantasie. Gewicht ist ein primäres Element. Zweifelsohne ist die informelle Wirklichkeit eine wichtige Realität. Aber man muss sie in ihrer Beziehung zur Wirklichkeit des Gewichts oder des Eisens betrachten. Der Computer ist eine militärische Erfindung, um Raketen zu lenken, um den Aufmarsch des Eisens zu organisieren. Ohne Eisen kann man keinen Krieg führen.

FRANK RADDATZ: Mit dem 11. September setzt sich in der globalisierten Welt der irrationale Zug der Moderne des 20. Jahrhunderts fort. Der Faschismus wie der Stalinismus sind im Grunde manichäische Systeme oder haben ersatzreligiösen Charakter. Jetzt kollidiert die liberale Moderne erneut mit einer religiös motivierten Politik.

JANNIS KOUNELLIS: Eine riesige Menge Bomben wird auf ausgewählte Ziele geworfen, bis nichts mehr übrig bleibt. Was passiert denn in Afghanistan. Ein einzelner Mann wird gesucht und deswegen ganze Gebirgszüge bombardiert, weil sich vielleicht dort ein einzelner Mann versteckt hält. Deswegen geht diese erbarmungslose Wolke nieder. Das ist das Neue. Man versucht gar nicht mehr, nur den Bösen zu vernichten, sondern vernichtet die Unschuldigen gleich mit. Alle werden ausgelöscht. Das ist die Strategie. Eine furchtbare Möglichkeit. Diese neue Wirklichkeit des Krieges ist Krieg gegen jede Art von Differenzierung. Das Ganze weist nicht auf einen Roman, nicht auf die Geburt eines neuen Faulkner. Bei diesem Entweder/Oder, diesem Schwarz oder Weiß sind keine Abstufungen vorgesehen. Das ist unsere Wirklichkeit. Was bedeutet es, in dieser Situation ein Bild zu machen, das nicht mehr wie früher auf Abstufungen, Geschichten hinweist. Auf der Bühne sahen wir früher psychologische Rollen. Aber was bedeuten heute Helden vom psychologischen Gesichtspunkt aus gesehen? Nichts. Deshalb müssen wir der Literatur Körper geben oder Bilder schaffen, die diese Situation reflektieren oder aus einer vollkommen anderen Gegebenheit entstehen lassen.

FRANK RADDATZ: Diese apokalyptische Strategie beinhaltet eine völlige Entwertung des Feindes. Bei Aischylos in *Sieben gegen Theben* ist Polyneikes noch ein anständiger Feind. Er hat Fehler gemacht und wird getötet. In der *Antigone* des Sophokles wird der Feind zum Unmenschen: Polyneikes soll nicht beerdigt werden.

JANNIS KOUNELLIS: Der Feind ist jetzt aus zwei Personen zusammengestellt. Aber wenn man heute Kunst macht oder diese Tragödien aufführt, geht es um die Frage, welchen Raum, welches Gewicht wir dann dieser Entwicklung geben. Welche Metapher können wir präsentieren? Das ist das Interessanteste und das Positive am jetzigen Zustand. Es ist die Herausforderung, eine glaubwürdige Form zu finden. Wenn man sie finden würde, hätte man einen Teil der Lösung des Rätsels. Wenn die Form aber schnell vergänglich ist, dann hat man in aller Fröhlichkeit auch diesen Krieg verloren.

FRANK RADDATZ: Ist das eine Ästhetik des Widerstands?

JANNIS KOUNELLIS: Es geht darum, Ungewissheiten manifest zu machen, damit man besser versteht und auch andere Generationen besser verstehen. Ich habe immer gegen das Dekorative in der Kunst gekämpft. So gesehen bin ich ein Waisenkind aus eigener Wahl. Meine Werke sind nicht dekorativ. Niemand wird sich in sein Schlafzimmer einen Zentner Kohle legen. Das ist zu schmerzhaft. Von allen Gesichtspunkten aus. Auch für den Markt. Der Liberalismus, dessen Rückgrad der Handel ist, denkt nur in ökonomischen Kategorien. Aber wie kann man auf eine ökonomische Weise einen Zentner Kohle transportieren? Da stört Kunst. Es kann auch geschehen, dass der Liberalismus die Kunst ins Exil verdammt. Denn falls die Propagandisten des Marktes uns tatsächlich überleben lassen, müssen sie uns zeigen, wo unsere Arbeiten in Zukunft eingeordnet werden. Aber das werden sie nicht tun, weil sie eine andere Idee haben. Sie wollen keine Künstler der Opposition. Sie wollen Apologeten. Deshalb empfinden sie den, der vielleicht Kraft und Talent besitzt, als Störfaktor. Was wird aus uns? Das ist für uns die zentrale Frage. Denn die Entwicklung, die man heute sieht, geht in Richtung Operette. Wogegen wir die Tragödie setzen.

FRANK RADDATZ: Die Lage für das Theater ist so schwierig geworden, weil momentan keine bedeutenden Texte produziert werden.

JANNIS KOUNELLIS: Aber die Stoffe gibt es. Es ist eine Frage der Kreativität. Man muss für die Stoffe eine Form in der Sprache entwickeln. Darüber wird man auch das Publikum gewinnen. Man muss die Zutaten wiederfinden, die Elemente eines Zentrums waren. Heiner Müller alleine reicht nicht. Es müssen auch andere kommen. Müller ist nicht nur ein Theaterschriftsteller, sondern ein Theatermensch gewesen. Und jetzt muss man den Sinn des Theaters neu finden. Das heißt nicht, dass man dafür sofort ein großes Publikum bekommt, sondern dass man das Theater wieder hat. Der ganze Palast der Kunst steckt in der Krise. Man findet seine Rolle nicht mehr.

So gesehen ist mit den Ereignissen des 11. September auch eine Hoffnung verbunden. Nach dem 11. September muss man anders schreiben. Auch wenn man es noch nicht bemerkt hat, seit dem 11. September ist etwas Neues in der Welt. Die Neuigkeit bedeutet auch, dass das Theater endlich seine Rolle finden muss. Wenn es die jetzt nicht findet, dann ist es vollkommen unnötig. Auch das ist ein Hinweis des 11. September. Man muss jetzt sehen, was kommt. Ich denke oft an Amerika und hoffe, dass die amerikanischen Künstler eine Wirklichkeit, eine Fähigkeit wiederfinden, etwas vorzuschlagen. Denn man muss letztlich auch sagen, dass uns die Amerikaner fehlen. Das ist für niemanden gut. Die Frage, die sich uns stellt, lautet: Was müssen wir tun, um glaubwürdig zu bleiben? Es geht um die Verwirklichung einer authentischen, neuen Form. Man muss in ein Klima eintreten, dass dieses Neue reifen lässt.

Jannis Kounellis, Einschreibung des Kreises in die Industriehalle

Jannis Kounellis, Skizze für die Aufführung des thebanischen Zyklus in Epidauros

Wolfgang Storch
Brief an Jannis Kounellis
Mai 2001 – Mai 2002

Schiff und Kathedrale, Brunnen und Chor

Lieber Jannis Kounellis,

im Mai, ein Jahr ist es her, gingst Du zum erstenmal durch die verlassene Fabrikhalle, in der die Inszenierungen der thebanischen Tragödien stattfinden sollen. Nach den Aufführungen, nach der Präsentation des ganzen Zyklus im kommenden Juni wird sie abgerissen. Straßenbahnen wurden hier von Siemens gebaut. Eine Halle, 60 mal 70 Meter, ein Flachdach mit Oberlicht, in der Mitte 12 Meter hoch, getragen von Eisenstützen in vier Reihen mit 14 Metern Abstand. Du markiertest einen großen Kreis mit 12 schlanken Säulen, 23 Meter der Durchmesser, einen Kreis, der die zwei mittleren vorhandenen Reihen der Eisenstützen durchschneidet. Jede der 12 Säulen in ein Meter Höhe umfaßt von einem Diskus aus Eisen, 2 Meter 20 im Durchmesser, 20 Zentimeter hoch der Rand. Ein Kreis aus Disken, der gegenüber der Halle den Ort selbst behauptet: einen Raum als Chor. Die Zuschauer, 500 Plätze gedacht, geteilt auf zwei Tribünen einander gegenüber.

Die Disken hattest Du 1991 im Henry Moore Studio von Halifax zuerst eingesetzt: montiert an 12 Säulen in einer Flucht. Jetzt schließen sie sich zu einem Raum, schließen eine Welt ein. Der Raum verstanden als Konzept für ein neues Theater aus dem Geist der griechischen Tragödie. Ein Theaterbau, nicht schon der Bühnenraum. Ein Raum, in dem jedes Stück sein eigenes Zentrum finden soll, seine spezifische Disposition, sein eigenes Klima durch die Setzung einer Gegenbewegung – einer Vertikalen, an der sich die Tragödie bricht. Ein Theaterraum, für jeden der vier Regisseure unbekannt: ein neuer Kontinent. Wie findet der Regisseur die darin eingeschriebene Dramaturgie. Nicht vereinbar mit den Mustern, nach denen er bisher inszeniert hat. Was verlangt der Raum. Was verbietet er. Wie findet jeder einzelne Regisseur darin die Bestimmung für seine Tragödie. Welche Elemente braucht er. Mit der Vorgabe Deiner Arbeiten.

Theodoros Terzopoulos durchschritt den Kreis und gewann für *Die Bakchen* die Gegenfigur der Diagonalen: Der Chor der Bakchen betritt den Kreis und verwandelt ihn durch seinen Tanz ausmessend zum Raum der Metamorphose. Die Schauspieler, die das Herrscherhaus des Kadmos repräsentieren, formieren sich zu einer Diagonale, die den Kreis durchschneidet – von einer Zuschauertribüne zur anderen. Die Herrschenden suchen das Zentrum zu durchqueren, immer wieder: Kontrolle und Anziehung, die Angst und der Wunsch, sich, vom Gott ergriffen, dem Rausch zu überlassen, dem Wahnsinn. Das Zentrum ein Mahlstrom.

Im Juni waren wir nach Prato zu der Eröffnung Deiner Ausstellung bei Bruno Corà im Museo Luigi Peccioli gefahren. Im Gang durch die zwölf Säle suchte ich Deine Dramaturgie aufzuspüren. Die Ausstellung ist ein Schiff, sagte Klaudia, alles ist immer da, eine große Odyssee. Die 500 Besucher, die zur Eröffnung gekommen waren, hörte sie nicht, sie hörte die Geräusche, unter denen die Gegenstände hergestellt worden sind, die ihren Transport begleiten, das Beladen eines Schiffes, Hochziehen der Säcke, Heraufholen des Eisens.

Du lässt Deine Arbeiten jedes Mal neu zueinander in einen Dialog treten: aus dem ständigen Geben und Antworten entsteht eine fortwährende Bewegung. Vielleicht ist das der Punkt des Theaters bei Kounellis, meinte Michael Kewenig, der Galerist in seiner Sorge um die einzelnen Werke. Die Arbeiten sind Dein Chor, der Deine Antwort auf den Gang der Gesellschaft immer neu formuliert. Die Säle sind Räume der Arbeit, soziale Felder. Die Arbeit schafft die zweite Natur, leistet die Umwandlung der Energien. Keine Energie geht verloren. Du sammelst sie und setzt sie wieder ein.

Einmal kam ich zu Gianfranco in die Autowerkstatt. Vor ihm ein Berg alter Schrauben. Was machen Sie, fragte ich ihn? Vierzig Jahre Arbeit, sagte er.

Den Eisenschrott hast Du in Wannen gelegt. Im selben Raum: nebeneinander drei Aquarien, Goldfische schwimmen über Eisenschrott, Algen vernebeln zunehmend die Sicht. Gegen den Gleichlauf unserer Gesellschaft setzt Du die Geschichte. Du behauptest die Zeit – gegen die Geschwindigkeit, die unsere Gegenwart ergriffen hat. Einmeterhohe Ölkrüge, über hundert aus drei Jahrhunderten, ein Feld, das den Saal besetzt. Tische aus Bauernhöfen, gestapelt die Wand entlang. Gelebte Zeit, geleistete Arbeit – in einer Zeit, die wegwirft, in der nicht mehr repariert wird, sondern ausgetauscht, ersetzt, egal ob es sich um Maschinen oder Menschen handelt.

Eisenplatten, T-Träger, Holzbalken, Tische, Kohle, Ölkrüge, Kaffeesäcke, Mehlsäcke und Stoffe, Kleider, Schuhe – Arbeit, durchschnitten, entwendet durch die Macht, das Kapital, Raub, Raubbau und Krieg. Vertrautes Material – ausgesondert. Material, das die Verletzung des Menschen sichtbar trägt, gerettet in eine Arche Noah, in der die Wunde Raum wird.

Ein Raum, datiert vom letzten Jahr, traf mich unerwartet: Ringsum Eisenbetten vor Eisenwänden, ein Lazarett, auf den Betten eingerollt, mit Draht zusammengehalten, Eisenplatten – Menschenmaß –, zerstochen, durchlöchert, bis zur Brusthöhe zugedeckt mit Lazarettdecken. Bild der Pest. Zwei Ölbilder hattest Du dazugestellt, vor vierzig Jahren gemalt, Zahlen, Zeichen, Buchstaben, schwarz auf weißem Grund. Bilder vom Aufbruch nach dem Weltkrieg und dem Bürgerkrieg in Griechenland, gemalt nach Deiner erwartungsvollen Ankunft in Rom, der Stadt, die sich dem Kalten Krieg widersetzte, in der sich die künstlerische Avantgarde Europas und Amerikas traf, Bilder jetzt der Erinnerung vom Anfang. Ein Raum für *Ödipus tyrannos*. Kewenig war irritiert durch das Bett mit den Mäusen. Links im Winkel: eine Matratze ohne Stoffbezug, ein Drahtkäfig für fünf Mäuse. Die Mäuse übertragen die Pest. Apollon war der Gott der Pest, der Pestbringer und der Reiniger von der Plage des chthonischen Getiers. Bild unserer von Epidemien heimgesuchten Gesellschaft. Epidemien, die sie gewähren lässt.

Ein anderes Bild, 1994 – 2000: ein mächtiger senkrecht aufgehängter Holzbalken, in Augenhöhe ein Absatz, darübergelegt ein Mehlsack, ein Fleischermesser steckt glänzend darin, hineingestoßen in den Körper, die Frucht zerstört. An der Wand gegenüber eine Eisentafel, zwischen zwei senkrecht montierten Schienen eingepreßt, die Griffe mit Tuch umwickelt, vier blinkende Fleischermesser, eine Batterie, der Angriff. Bilder für *Sieben gegen Theben*. Der Schmerz, die Angst der jungen Thebanerinnen, des Chores, vor der Vergewaltigung durch die Sieger, das fremde, nicht gewollte Kind im Bauch.

Ich sah, wie beschäftigt Du bist mit den thebanischen Tragödien. Oder ich erfuhr durch die Auseinandersetzung mit den Tragödien, wie sehr Deine Arbeit mit der Arbeit der Tragiker in einem Gemeinsamen gründet. Deine Werke öffnen den Blick auf die Tragödien. Bilder wie sie, keine Illustration, kein Theater, keine Bühnenräume – Denkräume.

„Etymologisch bedeutet Malerei ‚Entwurf des Lebens'", sagtest Du zu Heinz Peter Schwerfel: „Darin steckt eben nicht irgendeine Handwerklichkeit, sondern sehr wohl ein Umgang mit Architektur, im Sinne jenes öffentlichen Raumes, in dem sich das Leben abspielt." (Jannis Kounellis im Gespräch mit Heinz Peter Schwerfel, Kunst heute Nr. 15, Köln 1995) Das ist die grundlegende Formulierung für Kunst. Die griechische.

„Für Sophokles", schrieb Heiner Müller ins Programmheft der Inszenierung von *Ödipus Tyrann* durch Benno Besson am Deutschen Theater in Berlin 1967, „ist Wahrheit nur als Wirklichkeit, Wissen nicht ohne Weisheit im Gebrauch: der Dualismus Praxis Theorie entsteht erst. Seine (blutige) Geburt beschreibt das Stück." (Programmheft 31.1.1967) Was Du leistest, ist die Offenlegung der Wirklichkeit – aus Deinem unbedingten Verlangen nach dem

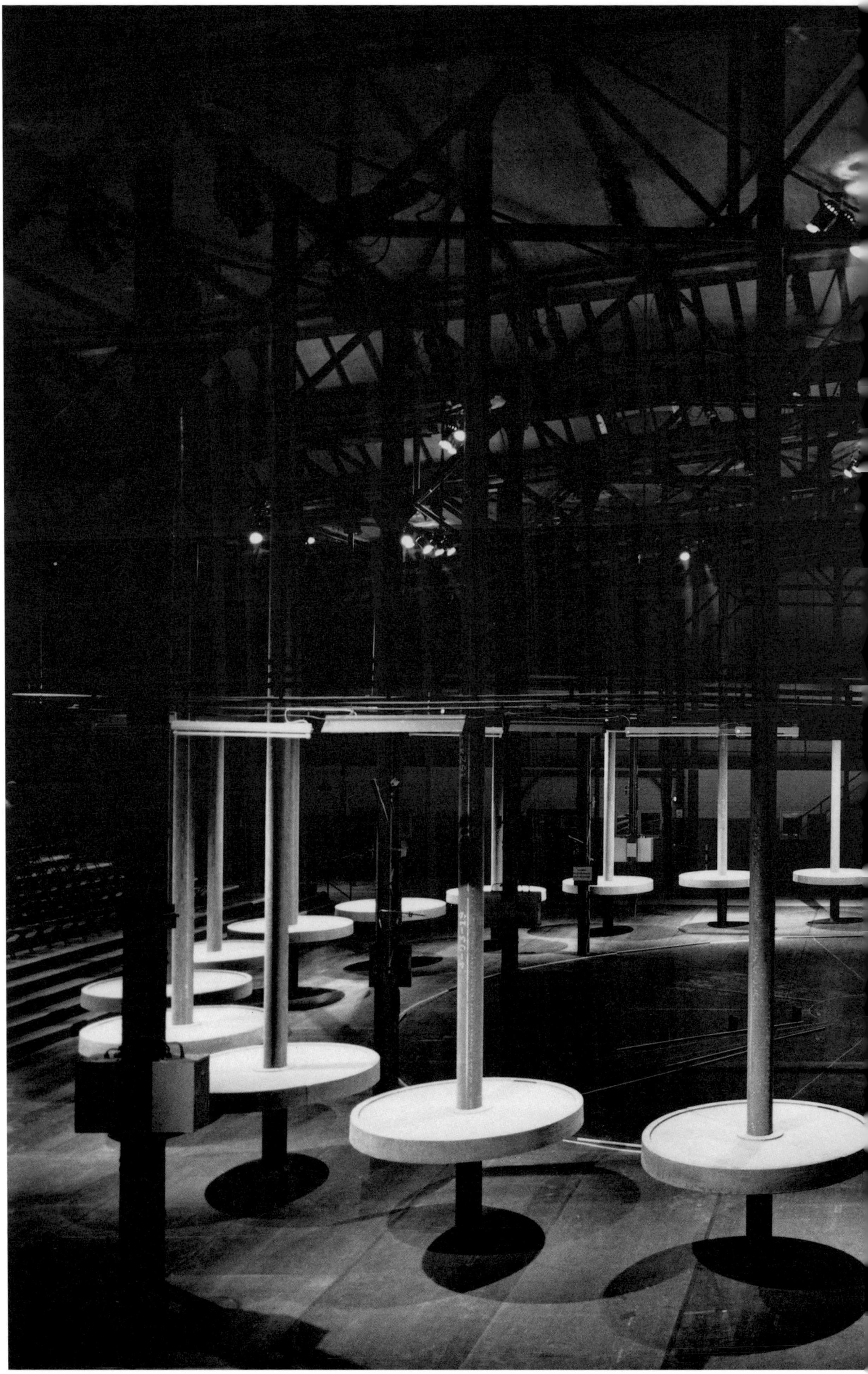

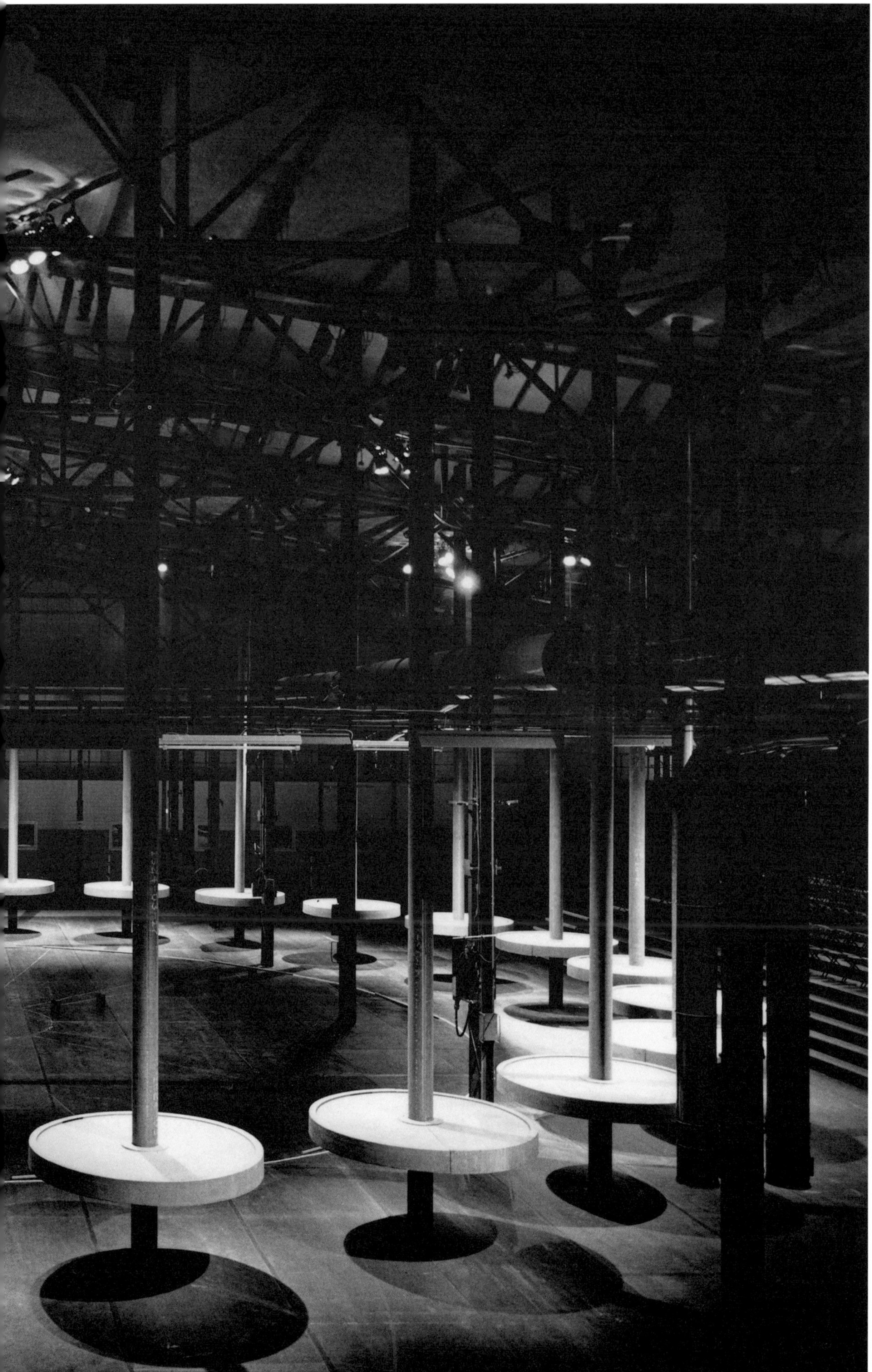

Realen, weil Du nur glaubst, was Du siehst. Die Wahrheit erfährst Du in der Zentrierung des Ortes, seiner Verwandlung zum Innenraum. Dem Betrachter zum Gebrauch übergeben. Ein Innenraum, in dem sich das durch Messen und Prüfen, Berührung und Formung gewonnene Wissen als Bild zeigt.

Bei der Generalprobe der *Bakchen* Mitte Oktober betrat ich zum erstenmal Deinen Theaterraum: 24 Planeten schließen den Kosmos ein, Disken aus Eisen, der Rost hat sie zur Landschaft gemacht, grau-blau-braun-gelb-rot, unberührbar. Die Scheinwerfer im Gebälk Punkte, ein Sternenhimmel. Die Zuschauer auf zwei Tribünen einander gegenüber, blicken in eine Arena, die sich nicht preisgibt. Ein „pozzo trasparente", sagtest Du. Ein Brunnen, die Vergangenheit heraufzurufen. „Die Phantasie kommt aus der Transparenz." Die Planeten kreisen. Du zentrierst den Raum aus der Bewegung, in der die Schwere Deiner Materialien aufgehoben ist. Die Bewegung wartet auf die Gegenbewegung, die die Vertikale schafft. Die Zuschauer sind kein Schutz mehr für den Schauspieler, was er sich als Gegenüber wählt, ist nur die eine Hälfte, die andere Hälfte sieht den Rücken, der Held ist dem Gegner, ist dem Chor ausgeliefert in einem Kosmos ohne Außen.

Ein Kreis, wie ihn Theodoros Terzopoulos sich von Dir gewünscht hatte – und anders: es ist nicht der Kreis, den die Bakchen aus Lydien vor dem Palast in Theben ziehen. Ein Raum, der einen Chor schafft in Erwartung der Tragödie.

Dass der Chor den Raum schafft für die griechische Tragödie, stellte sich Friedrich Nietzsche vor. „Die Verzauberung ist die Voraussetzung aller dramatischen Kunst. In dieser Verzauberung sieht sich der dionysische Schwärmer als Satyr, *und als Satyr wiederum schaut er den Gott* d.h. er sieht in seiner Verwandlung eine neue Vision außer sich, als apollinische Verwandlung eines Zustandes. Mit dieser neuen Vision ist das Drama vollständig. Nach dieser Erkenntnis haben wir die griechische Tragödie als den dionysischen Chor zu verstehen, der sich immer von neuem wieder in einer apollinischen Bilderwelt entladet. (…) während uns die Orchestra vor der Scene immer ein Rätsel blieb, sind wir jetzt zu der Einsicht gekommen, dass die Scene sammt der Aktion im Grunde und ursprünglich nur als Vision gedacht wurde, dass die einzige ‚Realität' eben der Chor ist, der die Vision aus sich erzeugt und von ihr mit der ganzen Symbolik des Tanzes, des Tones und des Wortes redet." (Friedrich Nietzsche, *Die Geburt der Tragödie aus dem Geiste der Musik*, in: Nietzsche, Kritische Studienausgabe Bd. 1, 1988, S. 61 ff.)

Nietzsche imaginierte eine Bewegung vom Zuschauerraum in den Palast, der Chor der Träger dieser Bewegung. Die Aufgabe des Chores: „ … die Stimmung der Zuhörer bis zu dem Grade dionysisch anzuregen, daß sie, wenn der tragische Held auf der Bühne erscheint, nicht etwa den unförmlich maskierten

Menschen sehen, sondern eine gleichsam aus ihrer eignen Verzückung geborene Visionsgestalt." (ebd.) Der Chor das Orchester. Das war die Konzeption von Richard Wagner. Für ihn hatte Nietzsche „Die Geburt der Tragödie aus dem Geiste der Musik", sein erstes Buch, geschrieben: „jetzt wo wir *die Wiedergeburt der Tragödie* erleben" – in Erwartung der Realisierung in Bayreuth. Die Entgegensetzung des Dionysischen und Apollinischen in ihren Äußerungsformen unter der Voraussetzung der letztlichen Einheit von Dionysos und Apollon war eine Eröffnung für Wagners Werk. Sie wurde das Tor, durch das die Künstler ins 20. Jahrhundert einzogen.

Vielleicht war die Bewegung umgekehrt: vom Palast gegen den Zuschauerraum. Der Chor der Zuschauer in Athen kennt keinen Palast. Die thebanische Geschichte liegt für die Athener tausend Jahre zurück – wie für uns das Mittelalter. Die Athener stehen nicht vor dem Palast – sie stehen nicht vor dem Schicksal. Sie haben, sagt Du, den Göttern eine Ohrfeige gegeben. Doch müssen sie damit zurecht kommen, dass es ihre Geschichte ist, die sie einholt, wie einmal das Schicksal die Helden, da sie maßlos geworden der Hybris verfielen.

„Ich finde, dass alles gut ist", sagt Ödipus, so zitiert ihn Albert Camus: „und dieses Wort ist heilig. Es hallt wider im unbarmherzigen und begrenzten Universum des Menschen. Es lehrt, dass noch nicht alles erschöpft ist, dass noch nicht alles ausgeschöpft wurde. Es vertreibt aus dieser Welt einen Gott, der in sie eingedrungen war mit der Unzufriedenheit und mit dem Gefallen an sinnlosen Schmerzen. Er macht aus dem Schicksal eine menschliche Angelegenheit, die unter Menschen geregelt werden muß. Darin besteht die verborgene Freude des Sisyphos. Sein Schicksal gehört ihm. Sein Fels ist seine Sache." (Albert Camus, *Der Mythos von Sisyphos,* Hamburg 1959, S. 100)

Das ist die Lehre, die Hölderlin gekannt hat, die keiner verstehen wollte. Er wollte sie fruchtbar machen in einer Schwäbischen Republik. Die Deutschen, die den Weg zur Demokratie nicht finden konnten, haben ein umgekehrtes Verhältnis zu ihrem Mittelalter: es ist die hohe Zeit, die Gegenwart von Friedrich Barbarossa und Friedrich II.. Richard Wagner hatte das revolutionäre Potential in der griechischen Tragödie erkannt, als er mit Gottfried Semper in Dresden Barrikaden baute. Er hatte Antigone gefeiert, da sie, so schrieb er in *Oper und Drama,* in ihrer Liebe zu den Menschen den Staat stürzt. Brünnhilde, ihr nachgebildet, stürzt die Herrschaft der Gibichungen und der Götter. Aber da war keine demokratische Gemeinschaft, der der Untergang der feudalen Welt erzählt werden konnte. Der Untergang erzählte vom eigenen Untergang, der sich im Aufschwung des Kaiserreiches ankündigte. Die Deutschen, wie sehr sie sich um die griechische Kultur bemühten, überließen die griechischen Helden ihrem Schicksal, sie überließen sich selbst dem Schicksal ihrer Helden – verzaubert. Und vergaßen den Chor, sich selbst – sie versäumten die Arbeit an der Demokratie.

Die Szene hast Du eliminiert, hast die Orchestra selbst zur Szene gemacht. Dein Theaterraum kennt kein Außen und kein Gegenüber. Die Zuschauer blicken in die Arena, den Brunnen, auf das, was er heraufbefördert. Aufgehoben hast Du die Frontalität von Palast und Zuschauerhalbrund. Das Rund ist geschlossen und bleibt für sich: um eine Geschichte, die sich vor 3500 Jahren zugetragen hat, als Drama geschrieben vor 2500 Jahren, in ihrer Virulenz zu erkennen. Jung war die Demokratie für die Zuschauer in Athen. Zu schützen vor der Wiederkehr der erst vor kurzem überwundenen Tyrannei. Die Selbstherrlichkeit aus Machtfülle war gegenwärtig, ein Sog, der Athen hinriß und in den Untergang führte. Der Chor, der auftritt, ist nicht das Volk. Er ist in jeder Tragödie eine bestimmte Gruppe, die austragen muß, was die Herrscher entscheiden. Ohne Beteiligung an der Herrschaft – aber doch verantwortlich für die Entscheidungen der Herrschenden. Eine wissende, eine sich versagende Gruppe. Auf sie hinunter blicken die Zuschauer. Ein Blick in die Vergangenheit. Die Formung katastrophaler Konstellationen zum Mythos durch das Drama ist das Instrument der Tragiker, die Virulenz anschaubar zu machen, damit sie in der demokratischen Verfasstheit der Athener Polis bewältigt werden kann.

Diesen Blick hast Du wieder hergestellt. Vor dem Palast – das ist der Ort der Entscheidung, der Herausforderung, des Rückzugs: die Grenze, die Demokratie unmöglich macht. Jetzt hast Du die Front aufgelöst: eliminiert die immer bestätigte Zentralperspektive, die Bestätigung der Macht noch im Angriff auf sie, die Aufrechterhaltung noch im Zusammenbruch. Die Zentralperspektive, die die höfische Theaterform konstituiert hat, bis heute unserem Theater eingeschrieben: das Gegenüber von Bühne und Königsloge, der Held und der erste Zuschauer eine Gestalt. Der Beifall gilt ihm, seiner historischen Erscheinung auf der Bühne und seiner Gegenwart in der Loge. Der Raum bei Dir ist die Orchestra, nur sie, der Raum des Chores als Ganzes. Darin werden die Positionen ausgetragen – ohne Rückendeckung, ohne die Flucht in den Zuschauerraum. Nicht vor dem Palast, sondern in ihm – im Labyrinth. Es ist der Gang, den jeder zu gehen, die Passage, die jeder zu bestehen hat.

Der Kreis befreit das Denken aus einer Opposition, die immer schon die eigene Niederlage kultiviert. Verbannt ist die Selbstbestätigung, die nichts ist als Ausrede. Die Protagonisten sind Ich: der Feind, der Gegner ist ich. Die Tragödie ist Arbeit an sich selbst – und darum ist sie Arbeit an der Demokratie, eine Sisyphos-Arbeit. Die Scheidung von Spreu und Weizen ein leichtes. Hier geht die Scheidung von den Menschen, die die Menschen scheiden, durch jeden einzelnen.

WOLFGANG STORCH

Jannis Kounellis, Skizze zum Theaterraum für den thebanischen Zyklus

„Man wanderte heiter, selbstsicher, in Reih und Glied auf einer ländlichen Allee, einer behüteten und paradiesischen Zukunft entgegen. Doch dann ist da das Unvorhergesehene, teuflisch, unfassbar, das uns dem Formlosen, dem Chaos entgegendrängt. Was vor kurzem noch unannehmbar war, wird fassbare Wirklichkeit." So begannst Du den Text zu Deiner Ausstellung in der Synagoge Stommeln, datiert vom 21. November 1991. Geschrieben nach Deiner Arbeit mit Heiner Müller in Berlin. „Wer ist der Verräter? Der Händler? Die Heiligen? Oder der Reiterkönig? Wer ist es, der das Leiden für einen altmodischen Fremdkörper hält? Der Gebieter oder der Mann von der Straße? Zu bedenken ist, dass es ein Schutz gegen Willkür war. Jetzt wissen wir, dass die Grenze zwischen Gut und Böse nicht so klar gezogen ist wie in den Sprechblasen der Comics. Wir bewegen uns langsam auf eine harte Prüfung derjenigen zu, die viel haben, verglichen mit jenen, die nichts haben. Lieben können bedeutet heute, das Werkzeug haben, um zu verstehen, und die Sprache, um zu erzählen. Dies ist das letzte Ordnungssystem, das einem denkenden Menschen erlaubt ist, andernfalls wartet auf ihn die härteste Strafe, in den trostlosen Abgrund der Hölle zu gleiten." (Jannis Kounellis, *Ein Magnet im Freien*, Bern – Berlin 1992, S. 250)

Wenn die Sprache vertrocknet, die Liebe sich verliert, wird der Brunnen, der nichts mehr hergibt, ein Höllenschacht.

Du hast einen Theaterraum geschaffen, der verbrennt, was nicht Einsatz ist: Nuance, Kommentar, Beschreibung, das psychologische Theater. Du forderst ein Theater, das Pathos zeigt, und nicht ein Theater des Pathetischen. „Ich empfinde Pathos, weil für mich in allem Pathos steckt, ich sehe es überall, entdecke es hier und dort", sagtest Du Heinz Peter Schwerfel. „Nicht im Ruhm steckt das Pathos, sondern in dem Augenblick, in dem du erkennst, das die Kräfte nicht ausreichen, um deinen Entwurf auszuführen." (Jannis Kounellis im Gespräch mit Heinz Peter Schwerfel, Kunst heute Nr. 15, Köln 1995, S. 47)

Für Heiner Müllers Inszenierung von *Mauser* am Deutschen Theater in Berlin, September 1991, hattest Du in den Bühnenboden ein etwa drei Meter großes Loch geschnitten. „Aus der Mitte des Lochs stieg ein eiserner Zylinder von 80 Zentimeter Durchmesser und erreichte eine Höhe von fast 4 Meter über dem Bühnenboden. Der Hohlraum dieser vertikalen Achse war bis zum Rand mit Blut gefüllt. Im Abstand von 2 Metern formten Bahngleise um das Loch einen Kreis. Darauf fuhren vier Loren, wie sie früher in Kohlegruben benutzt wurden, in einer besessenen Fahrt um das Zentrum der blutgefüllten Eisensäule. Ein drittes Element blieb außerhalb der kreisförmigen Bahn. Die Aufführung begann damit, dass alte Kleiderschränke aus der Kriegszeit aufstiegen aus dem Loch mit dem eisernen Zylinder und aufgestellt wurden im Kreis, amphitheatralisch, zwischen dem Rand des Lochs in der Bühne und dem

Schienenkreis." So schriebst Du acht Jahre später in Dein Buch für Heiner Müller. „Unser Beginn, das Loch im Bühnenboden, aus dem der Eisenzylinder aufstieg, gefüllt mit Blut wie ein Brunnen mit Wasser, und die Schränke, Erinnerung und Vergegenwärtigung einer Epoche, die wir erlebt haben, diese runde Wunde wurde für uns, wenn wir über den alten Holzboden der Bühne gingen, zu so etwas wie dem Brunnenschacht einer Legende." (*Drucksache N. F. 2 Jannis Kounellis*, hg. von Wolfgang Storch, Düsseldorf 2000, S. 11 ff.)

War es die Arbeit mit Heiner Müller in diesem offenen Moment der Auflösung der DDR und ihrer Inbesitznahme durch die Bundesrepublik, die Dich zu diesem Bild führte. Der Brunnenschacht gegraben gegen das Vergessen. „Nicht vergessen, das klang im Hohlraum der Bühne wie ein Befehl, als ob hinter ihr die Gefahr des Vergessens auf der Lauer läge. Die verrückte Angst war, dass die Gestalten, geschrieben im Zorn, die Erinnerung verlieren, aus Müdigkeit oder weil es für sie zu schwer wurde, ihr Gewicht zu ertragen und sie so alles vergessen, auf der Suche nach einer idyllischen Landschaft, in der sie die mühsame Suche nach einer gerechten Zukunft aufgeben und sich verlieren." (ebd. S. 8)

Der 3. November in Köln, Eröffnung Deiner Ausstellung bei Pater Menneckes: Vor den Eingang zu Sankt Peter bautest Du einen Brunnen und fülltest ihn mit Kirchturmglocken. Jede gestürzt, selbst ein Trichter, ein offener Mund. Sie haben durch die Jahrhunderte die Gemeinde gerufen: der verhallte und doch in den Glocken geborgene Ruf nach einer Gemeinschaft. Die Stadt hatte sich einmal vor 800 Jahren ihren Raum durch einen Chor von acht romanischen Kirchen geschaffen. Groß genug für jede einzelne Kirchengemeinde, damit sich beim Ruf des Jüngsten Gerichtes alle Seelen wieder einfinden können.

Als Dich Friedhelm Menneckes nach einer Bestimmung für die Kirche heute fragte, griffst Du zur Metapher des Theaters: „Die Kirche ist ein glänzendes Volkstheater, das auf der gleichen Grundlage basiert, wie das Shakespearesche Theater. Sie ist ein fundiertes Theater für die Welt." Anlaß des Gespräches war Deine Ausstellung in Mexiko-Stadt, in der Barockkirche San Agustíno, einem zentralen Ort der mexikanischen Kultur: die erste Universitätskirche auf amerikanischem Boden, nach der Revolution säkularisiert und umgewidmet zur Nationalbibliothek, die 1979 auszog. Nun steht die Kirche leer, von einem Erdbeben erschüttert, einsturzbedroht wird sie saniert. „Die große Kirche ist wie ein Walfangschiff. Sie empfängt dich in ihrem Innern," erklärtest Du. „Hier kommt man nicht umhin, die volkstümliche Struktur des Ganzen und eine völlig andere Wahrheit zu spüren. (...) Die tiefen Wunden, die sich bis auf die Knochen des barocken Christus öffnen, sind von der Absicht getragen, den gläubigen Betrachter anzuziehen, ja sie möchten ihn sogar dazu anregen, jegliche Distanz aufzugeben, und ihn in das Drama des Kreuzes bis zur Katharsis einzubeziehen.

(…) Eine Kirche hat natürlich immer etwas mit einer Vision zu tun, die ihren Ursprung in der Heiligen Schrift hat. Da unterscheidet sie sich nicht von der Synagoge, auch nicht vom Theater übrigens. Solche Orte eröffnen aber eine vertikale Perspektive. (…) Meine Kunst ist nicht weltlich. Sie ist eine allen zugängliche Malerei, die Bilder schafft. Auch die Kirche hat es mit Visionen zu tun. Ihre Räume sind Orte spezifischer Versammlungen, die eine vertikale Vision eröffnen. Meine Arbeit hat hier ihre Grundlage." (Katalog *Jannis Kounellis*, Kunst-Station Sankt Peter Köln, Diözesanmuseum Freising 2001, S. 32, 40 f.)

In dem immer wieder gelesenen Baseler Gespräch zwischen Joseph Beuys, Enzo Cucchi, Anselm Kiefer und Dir vom Juni 1985 hattest Du erklärt: „die Kathedrale von Köln weist auf eine Zentralität hin, umfasst eine Kultur und weist auf die Zukunft." Das Modell für eine gemeinsame Arbeit, die jeder für sich zu leisten hat. „Sonst würden wir riskieren, Nomaden zu werden." Beuys, der Dir entgegenhielt, dass der Kölner Dom „eine schlechte Skulptur" sei, ein Bahnhof – mit Recht in seiner heutigen Gestalt als nationaler, preußisch-wilhelminischer Nachbau – , hatte Dein Bild verstanden und Dich unterstützt: „Die Kathedrale steht jetzt hier unter uns. Die alten Kathedralen stehen irgendwo in einer Welt, die noch rund war. Aber dann wurde die Welt durch den Materialismus reduziert. Es war aber eine innere Notwendigkeit, sie so zu verengen, denn dadurch wurde das menschliche Bewusstsein geschärft, ganz besonders in seiner analytischen Fähigkeit. Jetzt müssen wir eine Synthese vollziehen mit all unseren Kräften, und das ist die Kathedrale." (Jacqueline Burckhardt, Hg., *Ein Gespräch/Una discussione*, 2. Aufl., Zürich 1988, S. 158).

Mit Heiner Müller war die Arbeit an der Kathedrale ein Brunnenschacht hinab in die Vergangenheit, damit heraufkommen kann, was jetzt vergessen werden soll, die Arbeit an der Zukunft.

Tadashi Suzuki kam zum erstenmal in die Halle. Er hatte 1999 in seinem Theater in Shizuoka *König Ödipus* inszeniert. Ich sah die Aufführung im Stadion von Delphi im Sommer vor zwei Jahren: zwei Stege, eine Stufe hoch, 5 Meter lang, von den Seiten diagonal aufeinander zu laufend – bis zur Bühnenmitte, 2 Meter Abstand. Der Abstand ein Graben zwischen den Herrschern links und den Gerufenen und Ungerufenen rechts – ohne die Möglichkeit einer Berührung. Ein Konzept bestimmt durch Konfrontation der Protagonisten, frontal zum Publikum, die Diagonale die Vermittlung beider Konfrontationslinien: in dem Dreieck gebildet aus den Stegen, dem Publikum gegenüber, der Chor, junge Priesterinnen. Das Kostüm japanisches Mittelalter. Das Mittelalter wie bei Shakespeare: es herrscht heute.

In Shizuoka hatte Suzuki über den Plänen Deines Theaterraumes eine Vermittlung gesucht zwischen seiner realisierten Konzeption und den Gesetzen Deines Kreises und ein Raumkonzept vorbereitet. Als er die Halle betrat, ließ er das Konzept fallen, vergnügt – so schien es – schritt er den Raum ab. Und setzte sich unter einen Diskus, ein Clochard, sagte er. Er sah den Chor der jungen Priesterinnen des Apollon an Schaukeln auf- und abschweben, Ödipus in der Mitte in einem Rollstuhl, die anderen, von denen er wissen will, was geschehen ist, auf den Disken, an die Säulen gelehnt. Ich dachte an die Stifterfiguren in den Kathedralen, an Naumburg.

Als wir uns später auf einer Probe im März wiedertrafen, sagte Dir Suzuki, er habe sich mit dem Kreis, den Du vorgegeben hast, als Symbol beschäftigt. Im japanischen Theater bedeuten Kreisbewegungen Wahnsinn, sie zeigen das in sich Gefangensein. Das ist sein Ausgangspunkt. Ödipus überfällt, was ihm geschehen ist, immer wieder neu, an den Rollstuhl gefesselt, mit großer Heftigkeit, ein Alptraum von unbedingter Gegenwart. Ein Überfall, kein erster Akt, kein letzter Akt. Das Wissenwollen, es zu müssen, in Permanenz.

Das Gespräch mit Valery Fokin über den Raum für seine Inszenierung von *Sieben gegen Theben* wurde jetzt in der Halle konkret. Um das Bild für die belagerte Stadt Theben zu gewinnen, schlugst Du vor, auf den beiden Seiten der Halle, wo keine Zuschauertribünen stehen, Schutzwälle aus Sandsäcken, 4 Meter hoch, zu errichten. Ich sah die Wälle auf einem Photo aus dem Ersten Weltkrieg: aufgeschichtet im Langhaus der Kathedrale von Reims – entlang den Pfeilern, die das Dach tragen, um den Bau zu stabilisieren. Ein Bild, das den Raum mit Geräuschen füllt, das leiseste laut macht – in der Erwartung, dass der Feind in die Stadt einbricht. Aischylos hatte die Angst erfahren, die Eroberung durch den Feind erlebt. Sein Text lebt davon. Das Bild, von dem Fokin ausgeht, das er in den Fernsehberichten über die Kriege im Kaukasus gesehen hat, ist der lebendige Schutzschild: die Frauen, die mit ihrem Körper die Stadt verteidigen. Das Stück, sagt er, ist heute geschrieben. Es hat ihn getroffen. Als Russe in Moskau konfrontiert mit den nicht endenden Kriegen im Kaukasus. Das Rund wolltest Du innerhalb der 24 Disken nun noch einmal bilden aus geschlachteten Rindern. Vor diesem Ring außen gegen den Feind die Frauen, der Chor. Sieben Öffnungen im Ring mit Balken markiert auf dem Boden: die sieben Tore, aufgehängt über jedem ein Fleischermesser – bis es jäh herabsaust. In der Mitte eine große Glocke – tief hinab bis auf den Boden. Am Glockenstrang große Flügel, erlegtes Wild.

In Rom, der 1. Dezember, ein strahlender Morgen. Mittags sollten wir uns mit Anna Badora in Deiner Wohnung treffen. Ich schlage die Zeitung auf und stoße auf ein Photo: ein Schiff vor der italienischen Küste, Nacht, der Blick hinunter in den offensichtlich gerade geöffneten Laderaum, dichtgedrängt starren Flüchtlinge nach oben, fünf Männer der italienischen Küstenwache über ihnen auf dem Deck – mit Nasenschutz. Gestank muß aufsteigen. Wie viele Tage verbrachten die Menschen im Bauch des Schiffes.

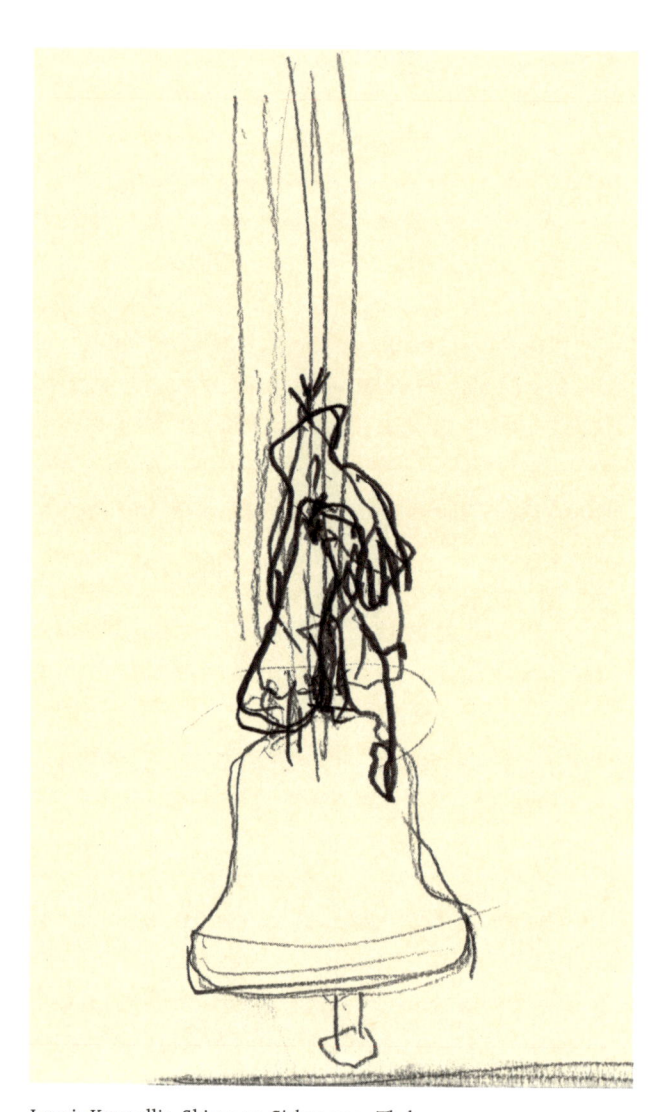

Jannis Kounellis, Skizze zu *Sieben gegen Theben*

Auf der Suche nach dem Chor der *Antigone* für ihre Inszenierung hatte Anna Badora in Düsseldorf immer wieder von den Flüchtlingen gesprochen. Es ist das Bild, das unsere Gesellschaft heute im Zentrum trifft. Die Gesellschaft will nicht, dass die Flüchtlinge ins Land kommen und auf ihre Kosten leben, doch sind es die Menschen, auf deren Kosten wir leben. Die Wahlen gewinnen die Politiker, die versichern, sie werden die Flüchtlinge nicht länger hereinlassen. Die Einwanderungsgesetze werden umgekehrt: Der Flüchtling wird nicht mehr als Hilfesuchender betrachtet, sondern als Feind.

Als ich zu unserem vereinbarten Termin in Deine Wohnung kam, war Anna Badora schon da – und glücklich: Du hattest bereits eine Lösung für den Raum von *Antigone* gefunden.

Dein erster Vorschlag in Düsseldorf war, in das Rund der Disken Berge von Haaren, dicke schwarze Zöpfe zu legen. Du dachtest, eine Maschine zu installieren, die ständig Haare auswirft und das Rund füllt. Du dachtest an die Demütigungen, die den Menschen angetan werden.

Dein Entwurf jetzt: ein Kubus im Zentrum, 6x6x6 Meter, eine Konstruktion aus Stahlträgern. Darin stehen gedrängt Flüchtlinge, stumm. Zwischen ihnen 7 Leitern, die an den Oberkanten des Kubus lehnen: für die sieben Sprecher des Chores. Der Raum zwischen dem Kubus und dem Kreis der Disken bleibt für die Handelnden, die Mitglieder des verwaisten Königsthrones von Theben, den Kreon jetzt besetzt. Einige Leitern sind angelehnt an die Säulen der Disken. Vor dem Kubus an einer noch zu findenden Stelle ein Haufen zusammengeworfener Gebrauchsgegenstände: Eisen, Messer, Nähmaschinen – verbraucht, ausgesondert. Vom Krieg auf die Straße geschleudert, was einmal Arbeit war, eine Erfindung für die Arbeit, jetzt unbrauchbar.

Das Zeitungsphoto, der Blick in den Bauch des Schiffes, machte Anna Badora betroffen – das ist, sagte sie, was sie zeigen will.

Adil Yalcin, ein kurdischer Schriftsteller, hat hier in Volterra im Dezember von seiner Flucht berichtet, einer Fahrt ins Nicht-wissen-wohin. Zehn Tage verbrachte er unter Deck, eingepfercht ohne Wasser und ohne Essen. In Italien angekommen, traf er Annet Henneman. Sie hatte in Volterra das Gefangenentheater mitbegründet, erprobte mit ihrem „Teatro di Nascosto" ein ‚Reportagetheater' und hat jetzt eine „Accademia di Teatro Reportage" gegründet. Eine Akademie für Flüchtlinge, damit sie, der Heimat beraubt, in der neuen fremden Öffentlichkeit ihre Sprache finden, sich ein Forum für ihre Geschichte schaffen können. Adil hat den Text „Lontano dal Kurdistan" für Annet Henneman geschrieben, den sie zur Aufführung brachte. Das Stück konnten sie während der letzten zwei Jahre in vielen Ländern zeigen.

Die Toten zu ehren, darauf gründete die Polis von Athen. Dass Kreon die

Bestattung von Polyneikes verbietet, ist ein Erlass im Namen der Staatsräson, dahinter steht das Gesetz der Blutrache, dem die alte Ordnung gehorcht, die jetzt im neuen Gewand fortgeschrieben wird. Kreon verfügt über die Toten, um über die Lebenden verfügen zu können. Die Tragödie beginnt im Morgengrauen nach dem Tod der Brüder und der Machtübernahme Kreons. Alles ist noch offen. Es ist Kreons erster Gang als König in die Öffentlichkeit. Sophokles zeigte den Bürgern Maßnahmen der Könige als Mahnung an die Bürger zu handeln.

Was zeigen wir an. Ist nicht der Schutz der Flüchtlinge die Bedingung für Demokratie. Die Bestattung des Bruders, dem sein Recht verweigert worden ist, ist ein Gleiches. In der Achtung den Flüchtlingen gegenüber erweist sich unsere Gesellschaft.

Die Handlung spielt vor dem Königspalast. Im Zentrum des Kreises steht nun ein Hohlraum, ein gefangener Raum, besetzt durch Heimatlose. Palast und Lager zugleich. Ein Bild, das die Realität einholt. Die Politiker haben das Zentrum verlassen. Sie überlassen eingestandenermaßen die Entscheidungen der Wirtschaft, den Konzernen, die ihre Probleme global lösen, keinem Land verantwortlich. Sie haben es akzeptiert und lassen es wissen: für alle reicht es nicht. Die erzeugte und jetzt zu erfahrende Angst, nicht mehr dazuzugehören, sichert die Stimmen. Doch die, die sie auszuschließen suchen, ziehen in das verlassene Zentrum ein. Das brachliegende Zentrum der Demokratie wird zum Furchtzentrum. Das Bedürfnis nach Freiheit, ihre Erprobung und Erfahrung, wird verdrängt durch das Bedürfnis nach Sicherheit.

Nagib Machfus, der vor Jahren schwerverletzt ein auf ihn gerichtetes Attentat überlebt hat, er ist jetzt 90 Jahre alt geworden, notierte am 27. September in seiner wöchentlichen Kolumne für die ägyptische Zeitung „Al Ahram": „Die einzige Gewähr für Sicherheit ist Gerechtigkeit."

Anfang Februar fuhren wir nach Amsterdam zur Premiere von *Lohengrin* in Deinem Raum, inszeniert von Pierre Audi, dem Direktor der Nederlanske Opera. Er hatte vor Jahren in einem Gespräch mit Elly Stegemann erläutert, was der Ursprung seiner Theaterarbeit ist und weswegen er die Zusammenarbeit mit Dir immer wieder sucht: „die Tatsache, dass man mit übriggebliebenen Fragmenten bewaffnet die Elemente einer Geschichte auf eine bestimmte Handlung beziehen kann. Ich wurde im Libanon geboren, einem Land voller archäologischer Überreste. In diesen Ruinen habe ich Kurzfilme gemacht. Ich war fasziniert von der Vorstellung, dass ein konkreter Raum Rituale heraufbeschwört, die für niemanden konkret sind. Man kann sie sich nur vorstellen. Und das ist Theater. Bei der Oper kommt ein anderes wichtiges Element hinzu – die Musik, die wie ein Feuer *unter* der Geschichte brennt, dessen Rauch Formen erzeugt, die das Publikum erfahren und über die es phantasieren kann,

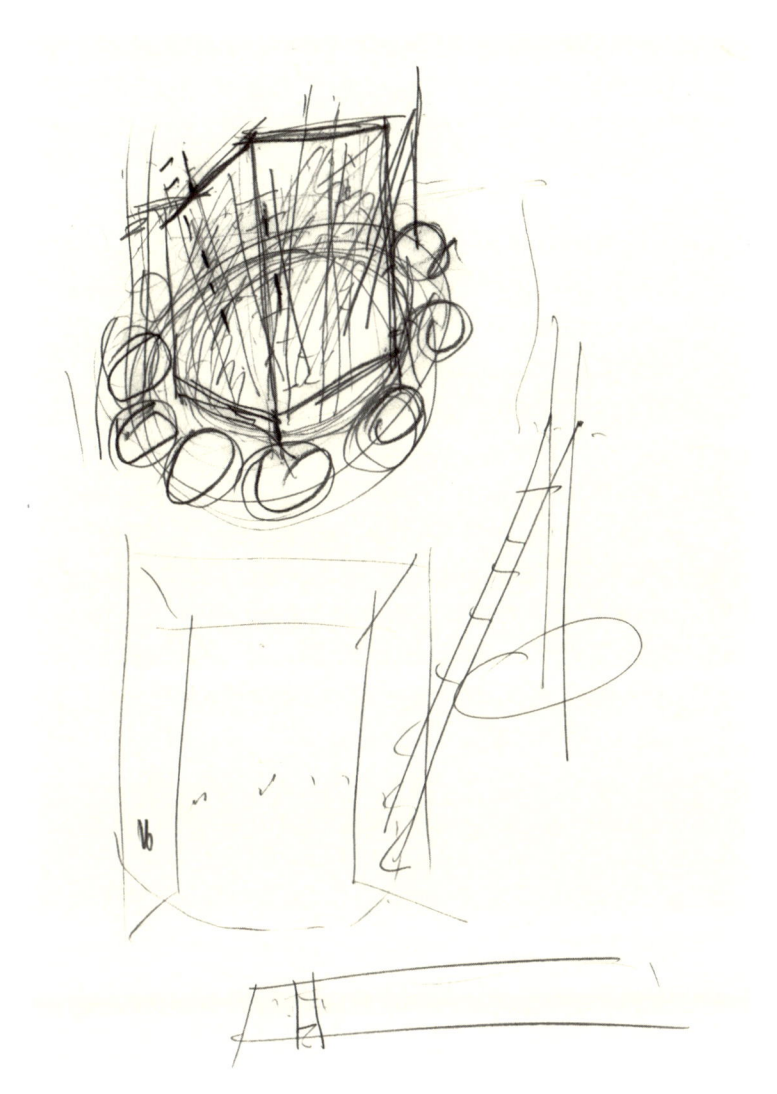

Jannis Kounellis, Skizze zu *Antigone*

so dass ein vorhandener Mythos noch einmal durchlebt wird. Das ist die eine Seite meiner Faszination. Die andere ist der Wunsch, den Mythos durch eine Reihe fragmentarischer Elemente *neu zu erfinden;* es zu ermöglichen, dass die Musik und die Sänger den ‚Kubus' und den Raum zusammenschmieden und etwas völlig Neues hervorbringen. (...) Ich versuche, bei meinen Produktionen die Integrität des jeweiligen Werks zu erhalten, aber zwangsläufig betone ich immer ein Element mehr als den Rest: das der Unsicherheit und Wurzellosigkeit. Darum ist mir Kounellis' Arbeit wichtig, weil sie auf der Scheide steht. Die Struktur seiner Arbeit ist zerbrechlich und permanent in Krise. Ein wichtiges Element von Kounellis' Bildlichkeit ist die Vorstellung von Kreuzigung: das Rätsel von Figuren, die in einer Falle aus Metall sitzen. Die hohe Stahlwand aus der ersten Schönberg-Produktion, die ich mit ihm gemacht habe, *Die glückliche Hand,* gewann außerordentliche Bedeutung: die Vorstellung eines Schiffbruchs, Holzstücke, die auf dem Meer treiben." (Katalog Wolfgang Storch, *Das szenische Auge,* Institut für Auslandsbeziehungen, Berlin 1996, S. 41, 43)

Der Einsatz für ein anderes, gemeinsames Leben wird zur Strafe. „Die Sehnsucht ist ein Gefühl, während dem Leiden ein auslösender Wille zugrunde liegt. Das Leiden ist sehr konstruktiv und positiv, es ist auf seine Art episch", sagtest Du zu Marco Iannucci, „Leiden entsteht durch Verlust, ist aber andererseits selbst kein Verlust. Da es eine kulturelle Konstante ist, stellt das Leiden im Gegenteil ein Mittel dar, um zu etwas Neuem zu gelangen – vergleichbar mit der Entdeckung einer Kathedrale. Nichts weniger als das." (Jannis Kounellis, Ein Magnet im Freien, Bern – Berlin 1992, S. 209)

Von Sophokles, von seinen Tragödien sagte Hölderlin:
> Viele versuchten umsonst das Freudigste freudig zu sagen
> Hier spricht endlich es mir, hier in der Trauer sich aus.

Es gibt ein Maß, 2 Meter mal 1 Meter 80, das Du einmal gefunden in Eisenplatten – aus zwei zusammengesetzt – immer wieder realisierst, ein Maß, „was ungefähr dem Maß eines Doppelbetts entspricht", sagtest Du Franco Fanelli. „Das ist ein universelles Maß, wie die Höhe eines Tisches oder die Breite einer Tür; es handelt sich um Standardgrößen, und das Bett, der Tisch und die Tür haben ein auf den Menschen zugeschnittenes Maß. Meine Absicht ist es, mich innerhalb dieser Dimensionen zu bewegen." (Jannis Kounellis, *Ein Magnet im Freien,* Bern – Berlin 1992, S. 229)

Aus diesem Maß ist auch die Eisenwand für *Die glückliche Hand* aufgebaut: 10 Meter hoch, 25 Meter 20 breit – in Einheiten von 2 Meter mal 90 Zentimeter. Du hast die Wand im ersten Akt von *Lohengrin* wieder errichtet und an ihr jetzt den Chor plaziert: vor jeder Eisenplatte sitzt ein Sänger, auf vier Ebenen jeweils 28, eine Chorwand von 112 Sängern. In Erwartung des Königs, in

Erwartung Elsas, in Erwartung des Ritters, der für Elsa streiten soll, überrascht von seiner Ankunft. Der Schwan – ein flacher Wagen aus Eisen auf Schienen entlang der Chorwand, seine Plattform 40 cm hoch, beladen mit Rudern wie mächtige Federn. Alle Ruder einer Triere, dem Schiff, mit dem die Athener bei Salamis gesiegt haben.

Der dritte Akt: das Brautgemach – ein Podest, 2 Meter hoch, aus der Maßeinheit entwickelt, 6 mal 7 Meter, diagonal in der Bühnenmitte, eine Holztreppe rechts, ein Paravent aus den maßgebenden Eisenplatten mit Schwanenfedern beklebt, das Podest umstellt von acht zeltartigen Verdeckungen aus Leinentüchern. Die Brautleute, geführt zur Treppe, verharren auf der Treppe, Elsas Frage ist übermächtig,

> – gelt es auch mein Leben –
> zu wissen, wer du seist!

erreichen kaum ihr Gemach. Elsa sieht den Schwan. Die Federn an den Eisenwänden. Telramund dringt in das Gemach ein. Lohengrin erschlägt ihn. Als er es ausspricht, dass er Elsa verloren hat,

> Weh, nun ist all unser Glück dahin!

werden die Leinentücher hochgezogen: acht stürzende Kreuze werden sichtbar. Eine Dornenkrone um das hochgestellte Gemach, den Altar der Liebe, ihr Grabmal.

Die Kreuze, hattest Du Friedhelm Menneckes erklärt, „sind im Begriff zu stürzen, sie fallen, es ist jene einzigartige Visualisierung des Falls, die in der Kreuzabnahme ihr Urbild hat." Du hattest sie in San Agustíno aufgestellt, ebenso acht, nicht als Kreuzweg, „ein einziges Bild, das sich da vom Portal bis zum Altarraum schlängelt": „Indem sich der Fall wiederholt, gewinnt er in der Vielfalt stark an dramatischem Gewicht. Es ist wie ein Wort, das man ständig wiederholt, so wie man in der orthodoxen Philokalia unentwegt die Worte ausspricht:

> Gott, mein Gott, hab' Erbarmen mit mir.

Die Wiederholung wird so zum rhythmischen Weg der meditativen Versenkung." (Katalog *Jannis Kounellis,* Kunst-Station Sankt Peter Köln, Diözesanmuseum Freising 2001, S. 35)

Die fallenden Kreuze hast Du jetzt auf die Bühne des Düsseldorfer Schauspielhauses gestellt als Raum für *Die Bakchen*. Ein doppelter Verweis. Dionysos führt seine Bakchen vor die Brandstelle, an der er auf die Welt kam. Die Wände des Gemachs rauchen noch immer. Seine Mutter Semele war auf Zeus eingedrungen, von Hera dazu verführt, wie Elsa von Ortrud, treulosem Rat gab sie ihr Herz dahin

dass er sich in seiner wahren Gestalt zu erkennen gäbe. Zeus zeigte sich, ein Blitz, Semele verbrannte. Die fallenden Kreuze vergegenwärtigen den Abschied Gottes, den Schmerz von Maria. Sie bleiben der Raum der Tragödie, die sich in der Klage von Semeles Schwester Agaue über ihren Sohn, den sie selbst im Wahn zerrissen hat, erfüllt. Eine Klage, die als Klage der Maria über ihren Sohn, als er vom Kreuz abgenommen wird, von einem Mönch in ein Passionsspiel der griechisch-orthodoxen Kirche aufgenommen wurde.

Il sarcofago degli sposi – „Der Sarkophag der Brautleute" nanntest Du eine Arbeit, die Du in Deiner Ausstellung bei Peter Noever im Museum für Angewandte Kunst in Wien 1999 zuerst gezeigt hast. Entstanden während der Vorbereitung zu Lohengrin. Du hast eine Arbeit von 1968 aufgenommen, in Turin ausgestellt, die Du dann 1993 in Recklinghausen weitergeführt hast. Der dritte Zustand jetzt in Wien: „Sie besteht aus Kohlesäcken, die am Boden im Kreis aufgestellt sind, und dieser Kreis wird wiederum mit Kohle gefüllt. Das war der Chor, der Versuch einen Chor zu formulieren. Diese Arbeit habe ich dann in Recklinghausen (1993) von neuem gemacht, aber ich habe zusätzlich in die Kohle eine Eisenplatte gesteckt, die für ein Maß steht, das ich später gefunden habe." Die Eisenplatte, das gefundene Maß, das der Mensch braucht: Bett, Tisch, Tür, hineingesteckt in den Kohlehaufen, den die Säcke umstellen, der Chor. Chor heißt, etwas gegeneinander auszutragen, das Maß zu finden, dem, was der Mensch braucht, gerecht zu werden. „Und auch hier in Wien müssen diese Elemente gleich sein, aber das Neue besteht darin, dass alles mit einem großen braunen Tuch bedeckt wird und man nichts mehr sehen kann. Dieser dritte Übergang, dieses Verdecken, erzeugt das Neue." Acht Abdeckungen gleich Zelten im Raum. „Die Arbeit sieht man nicht, aber man erahnt das Skelett. In dieser Abdeckung gibt es einen Hinweis auf etwas, das nicht frontal sein kann." Das zweite Element an einer Wandseite: „Da sind diese Stoffe an der Wand und dahinter die vernähten Säcke. Auch das ist ein Teil derselben Organisation: Das Tuch wird hochgehoben und es enthüllt das Dahinterliegende. Während ein Teil bedeckt ist, ist der andere enthüllt, und was dahinter gezeigt wird, ist eine alte Arbeit aus den sechziger Jahren mit einer feststehenden Vergangenheit, es ist ein Codex. In diesen Gesten sind keine Neuigkeiten und es kann auch nicht auf solche hingewiesen werden. Das Neue ist das Verhüllen und Enthüllen. Es ist eine minimale Geste, aber sie hat Bedeutung, und ich denke, dass letztlich ein Maler nicht viel mehr tun kann. Apokalypse bedeutet Offenbarung. Der Stoff dient dazu zu verhüllen und zu

Jannis Kounellis, Skizze zu den *Bakchen* im Düsseldorfer Schauspielhaus

offenbaren, damit Weichheiten geschaffen werden." Das dritte Elemente waren dieser „weichen Verschleierung" gegenüber auf der anderen Seite des Raum die fallenden Kreuze, „alle aus Eisen und sehr kantig". (Katalog Jannis Kounellis, Peter Noever, *Il sarcofago degli sposi,* Hatje Cantz / MAK 1999, S. 43 f.)

Deine Arbeiten sind gelebte Utopie, Braut und Bräutigam vor der Hochzeit.

Zum 1. Mai waren wir wieder nach Urbino gefahren zu dem Fest, das Peter Kammerer jedes Jahr feiert. Ein Mann aus Cesena war mit der Zurichtung des Fleisches beschäftigt. Mit einer mächtigen weißen Kochmütze, die er trug, als wäre es die Mütze von Garibaldi. Er fragte mich, ob ich mitarbeiten würde bei dem Projekt „Konkrete Utopien". Nein, sagte ich und dachte, das ist ein schwarzer Schimmel. Utopien sind gelebt, das zeigt Du, immer wieder in ihrem Scheitern gelebt. Fallende Kreuze. In dem Moment, wo das Göttliche sich offenbart, entschwindet es.

Wagner hat *Lohengrin* komponiert vor der Revolution – in der Gewissheit, dass sie kommen wird, dass das Volk bereit ist: komponiert hat er Ankunft und Abschied der göttlichen Liebe, die Rückkehr in den Gral. Darin zeigte er das Wesen der Revolution. Das Werk ist klüger als der Autor, sagte Heiner Müller.

Il sarcofago degli sposi hattest Du als zwölften letzten Saal in Prato gezeigt. Ich hatte ihn nicht entdeckt, nicht enthüllt. Erst in Amsterdam entdeckte ich den Akt der Enthüllung. Du zeigtest die fallenden Kreuze, den Schmerz, die Maria dolorosa. Unter den Leinentüchern des sarcofago degli sposi aber ist der Chor geborgen, die Feier der Gemeinschaft.

Ich sah den Chor, Deine Arbeit von 1968, jetzt am 7. Mai im Innern des Labyrinths, das Du in die beiden Eingangssäle der Galleria nazionale d'arte moderna in Rom gebaut hast. Die Ausstellung ein Werk. Du nennst es *Atto unico*: Einakter, das Werk, und einmaliger Akt, die Ausstellung. Deine Eisenplatten, 2 Meter mal 1 Meter 80 aus zwei Einheiten, als Behälter, 50 Zentimeter tief, mit Kohle gefüllt, ein Kamm oben zu sehen, hast Du zu einem Labyrinth gefügt: lange schmale Gänge. Die Ausstellungsbesucher auf die Suche geschickt. Eine Kammer, ein Bett, Eisengestell, mit zwei Decken, die Zelle eines Mönches. Weiter, eine Wendung: der Chor – zwölf Jutesäcke mit Kohle gefüllt um einen Kohlehaufen. Es ist der Gral. Das bewahrte Geheimnis. Die Kraft immer wieder neu in die Welt hinauszuziehen.

Sei herzlich gegrüßt von

Deinem Wolfgang

Volterra, im Mai 2002

WOLFGANG STORCH

Theodoros Terzopoulos über die Arbeit an den *Bakchen*

Der Chor, Körper und Sprache

Während der Arbeit an den *Bakchen* in Nordgriechenland im Sommer 1985 begann ich mit meinen Schauspielern zu forschen, was uns von den dionysischen Spielen überliefert ist, auf der Suche, die Energiequellen des Körpers zu erschließen. Ich stieß auf eine erstaunliche Darstellung in einem medizinischen Buch aus dem 17. Jahrhundert, erschienen in Leipzig, vor einigen Jahren in Berlin wieder entdeckt. Beschrieben wird die Therapiemethode im attischen Amphiareion-Heiligtum, Stätte eines Krankenhauses des Gottes Asklepios, zu dem auch ein wunderbares Theater gehörte. Patienten vor der Operation, nackt, begannen einen Kreis auszuschreiten, auf feuchtem Grund, bei Sonnenuntergang. Nach der ersten Stunde mussten sie ihren Schritt beschleunigen und nach der zweiten noch schneller gehen. Während der vierten Stunde mußten sie ihre Knie, wie im Kabuki, in der fünften ihre Ellbogen beugen und, während sie weitergingen und die Bewegung mit gebeugten Gliedmaßen immer mehr beschleunigten, erwuchs ihnen eine Energie, die wir aus afrikanischen Performances kennen. Sie verbrachten acht Stunden mit dieser Übung, und ihre körperlichen Schmerzen verschwanden. Sie befanden sich in einer Trance, wie die Bakchen, hervorgerufen nicht durch Wein, nicht durch Worte, sondern durch den Wein des Körpers – durch ihr Blut. Blut ist der Wein und Blut, wenn es durch alle Adern richtig fließt, ist Glück. Die Patienten, die am anderen Morgen operiert wurden, befanden sich in einem ekstatischen Zustand, entspannt und glücklich. Die Operation wurde nur mit Hilfe eines anästhetischen Krautes durchgeführt. Der ganze Prozess erschien mir äußerst interessant. Ich begann, meine Schauspieler in einem Kreis zu trainieren. Wir bemühten uns, zu den ursprünglichen Quellen von Energie und Ekstase zu gelangen. Es war eine sehr schmerzhafte, aber interessante Sondierung. Unsere Körper offenbarten vergessene Klangquellen, und wir versuchten, immer tiefer in unser Gedächtnis einzudringen, zu unseren Ursprüngen zu gelangen, um unsere Visionen wieder zu gewinnen. Es gibt, so glaube ich, keine Vision ohne das Bewußtsein, daß jeder von uns seine Zukunft durch seine Adern aufspüren

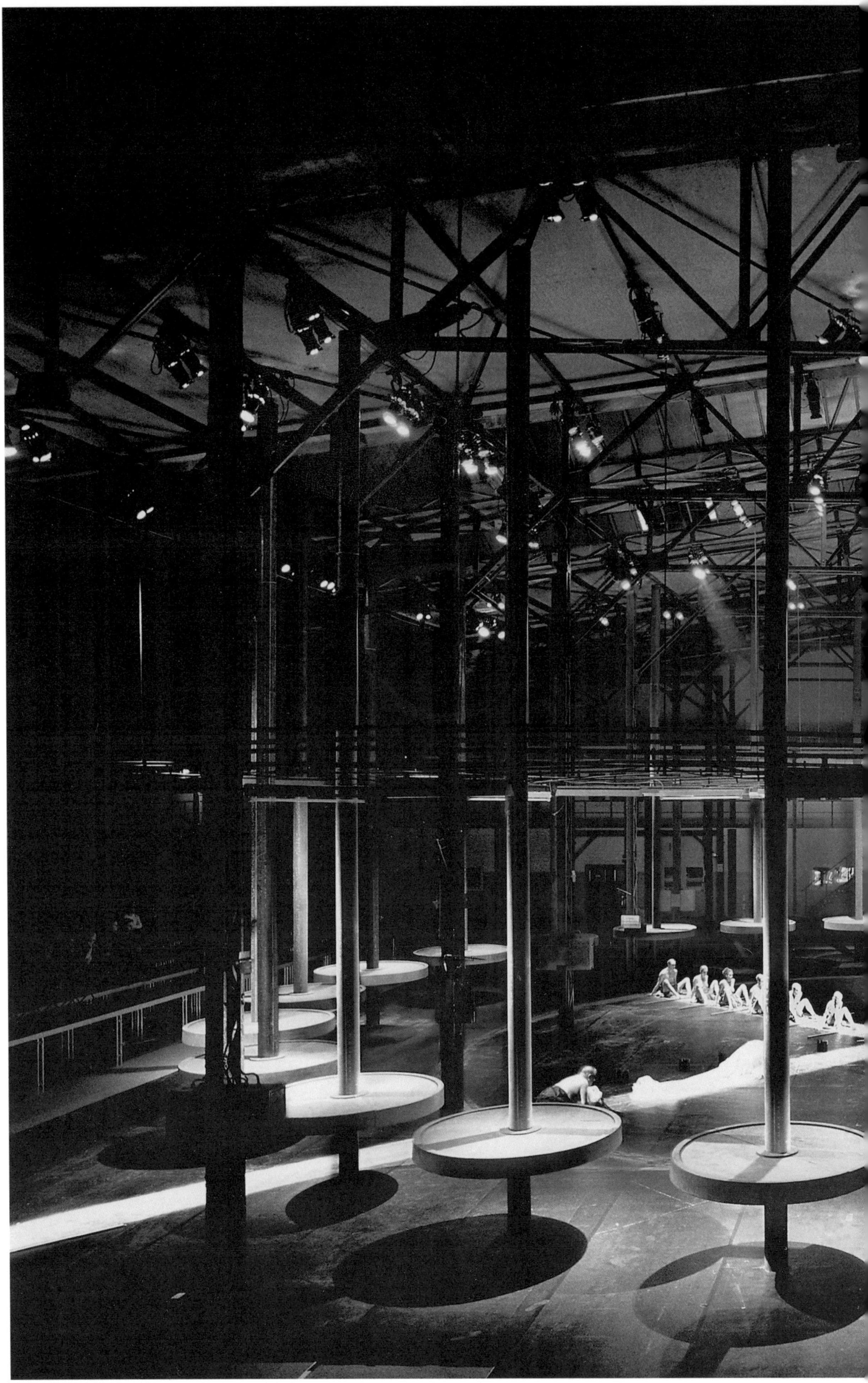

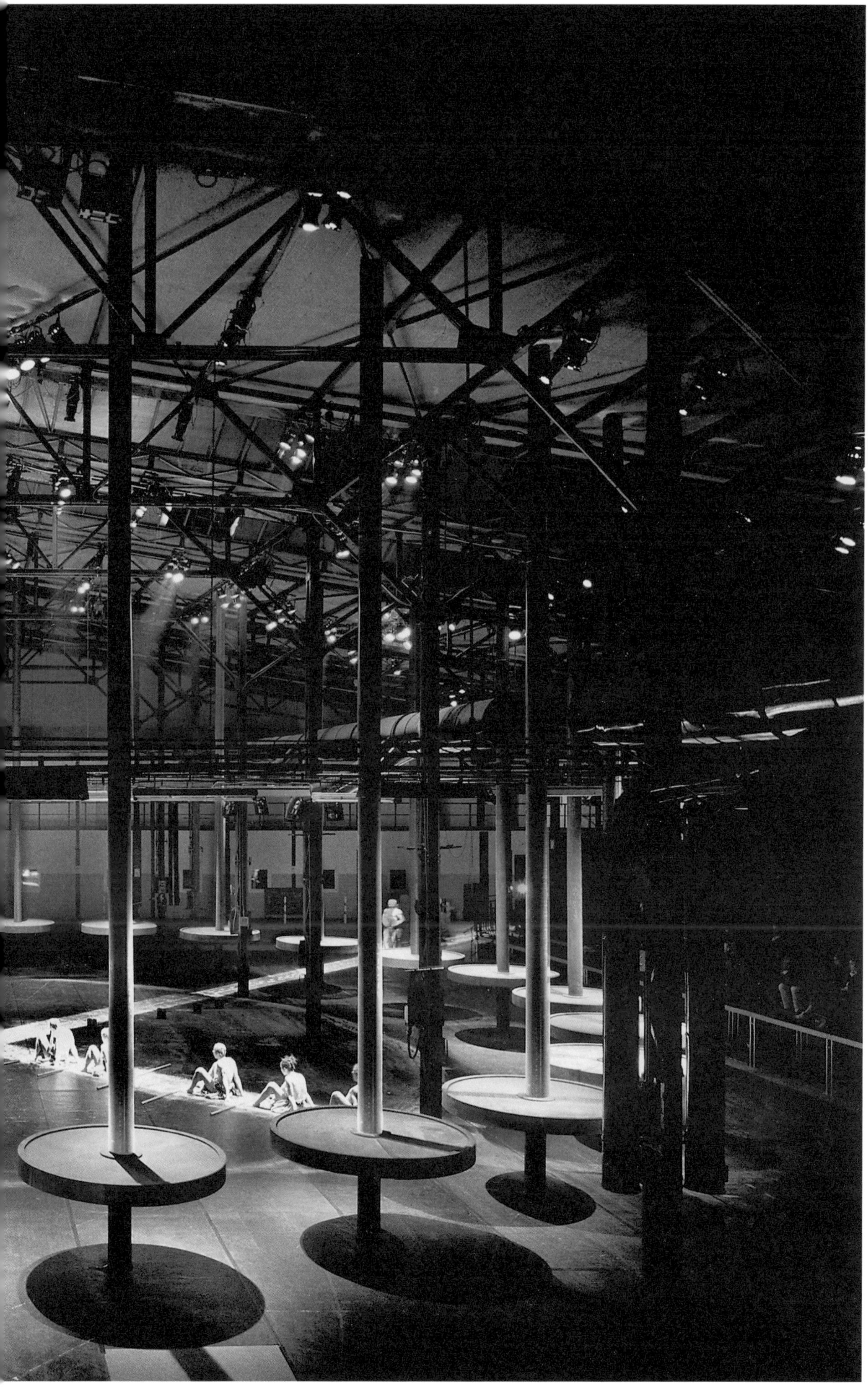

muß, durch sein Blut, durch seine eigene vielgestaltige und unermeßliche Energie.

Wir improvisierten über Stunden, endlos, und versuchten, den Körper in seiner Ganzheit zu aktivieren mit dem Bemühen, sein dunkles und mysteriöses Erbe kennenzulernen. Oft tanzten wir unbeholfen, in einem Durcheinander, den wirbelnden Tanz von Geburt, Leben und Tod. Wir wollten die Welt auf neue Weise sehen, die Augen unseres Körpers weit geöffnet, um die Grenzen des Körpers auszudehnen – eines Körpers, der sich seiner Entwicklung, seines Reifens nie bewußt ist. Wir erkannten, daß unser Körper stets auf Erneuerungen vorbereitet, allen Arten von Anregungen ausgesetzt sein will. Er muß beständig improvisieren und eine erotische Bindung zur Tradition entwickeln. Er muß versuchen, Gegensätze zu vereinen und aufeinanderprallende Gegensätze in einem rasenden Tanz auszutragen. Es ist erstaunlich zu fühlen, daß man über die Grenzen des Körpers hinausgehen und sie als Energiekanäle nutzen kann oder als Orte der Umwandlung von ursprünglichem Material. Wir setzten unsere Improvisationen in dem Vertrauen fort, daß unser Körper nicht zu reifen braucht, als wäre er niemals geboren, und daß er ständig die Anstrengung unternimmt, geboren zu werden. Was uns dabei hinderte, war unser Ego, das sich tief in unserem Inneren einrichten wollte, um unsere Empfindungen in „perfekte und permanente Muster" zu brennen. Wir vertrauten unserem Körper und drangen weiter vor, ohne Hilfsmittel von außen, um auf den Grund unserer inneren Substanz zu gelangen. Wir wollten Rebellionen verborgenster Kräfte provozieren, die jede Art von Hilfskonstruktion gewaltsam überwinden würden. Wir wollten die Wände niederreißen, die uns in uns selbst versunken hielten und Bilder im unbewußten Aufstieg an die Oberfläche zulassen, die uns zum Flug über unsere bekannten Grenzen befähigen sollten, frei schwebend im Raum. Wir erkannten es als unsere Aufgabe, andere zu unseren Komplizen zu machen, zu unseren Partnern oder Mitschöpfern auf der langen Reise in das Land der Erinnerung. Erinnerung beinhaltet die ursprüngliche Sprache einer menschlichen Zelle. Wir improvisierten, um das „spezifische" Element, das wir jedesmal in unseren Improvisationen entdeckten, mit anderen zu teilen, während wir versuchten, die Augen des Bewußtseins beständig offen zu halten.

Im Prozeß des Erforschens der Klangquellen des Körpers bemühten wir uns, den Rhythmus des Wortes zu entdecken. Ein Beispiel, das den Vorgang deutlich macht, ist der Satz *kamaton teu kamaton* im ersten Chor der *Bakchen*. Die Bakchen begleiten Dionysos nach Griechenland und singen *kamaton teu kamaton*: „Wir sind erschöpft, aber unsere Erschöpfung ist süss." Dieser Satz wurde oft als Beschreibung interpretiert, die müden Bakchen betreten die

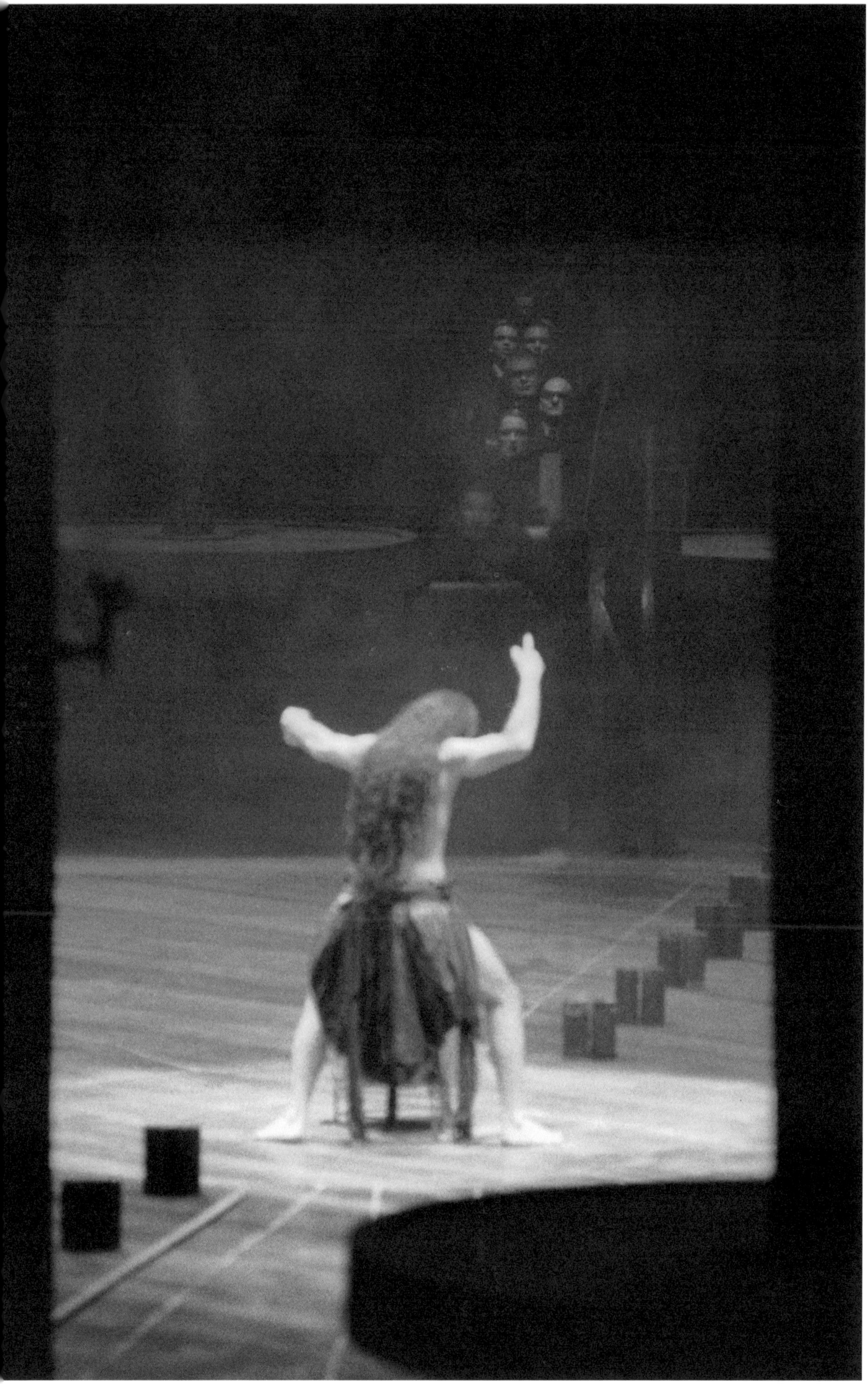

Bühne und lagern auf den Steinen unserer antiken Theater, als wollten sie ausruhen. Als wir den Satz untersuchten, entdeckten wir in seinem Rhythmus das Tempo des Pyrrhischen Kriegstanzes. Die Bakchen erscheinen tanzend, sie tanzen den Feuertanz, den Boden mit den Füßen stampfend, wie es im Pontischen Tanz geschieht oder in ähnlichen orientalischen Tänzen. In einem Zustand von Trunkenheit kommen die Schauspieler zu einem unvorhersehbaren Energieausbruch, während die Körper sich öffnen und strahlende rebellische Substanzen ausstoßen, bereit zur Transformation. Wie in der Natur, wo es über verschiedenste Kanäle zur Akkumulation von Energie und schließlich zur Explosion kommt. Ich bitte meine Schauspieler immer, sich zu entspannen. Ihre natürlichen axialen Linien sich frei ausdrücken zu lassen, sie nicht zu unterdrücken. Wenn das Becken oder vielmehr das Dreieck, das die drei wesentlichen Energiezonen enthält, in der Lage ist, sich autonom zu bewegen, durchfließt den Körper eine Energie, die zentrale Kräfte freisetzt und neue Ausdrucksformen erzeugt. Ist die Hand fähig, sich autonom zu bewegen, so werden die Finger ihren eigenen Tanz tanzen, gemäß ihrer eigenen Tradition, wie der Tanz der Sufis, der tanzenden Derwische. Die Handfläche wird autonom und tanzt wie im No oder Kathakali. Sie formuliert Zeichen und zieht ihre eigenen Erinnerungen heran. Wie unsere Vorfahren vor hundert Jahren tanzten, ohne Scham und in Freiheit.

 Mein tiefes Bedürfnis ist Rhythmus, da ich glaube, daß Form aus Rhythmus hervorgeht. Rhythmus hat einen rationalen Kern. Selbst die abstrakteste Gestalt oder die fließendste Bewegung, die dem Rhythmus entspringen, basieren auf einem tiefen rationalen Gesetz. Findet man den rhythmischen Kern in einem Zeilenpaar, so wird man den Rhythmus einer Strophe empfinden und in der Folge den des gesamten Textes. Denn ein Text ist aus rhythmischen Einheiten komponiert, besonders im antiken Drama. Oft ist es überraschend zu sehen, wie der Rhythmus zu dem Prozeß der Dekonstruktion, Analyse und Rekonstruktion eines Textes führt, ohne vorherige dramatische Studien oder geschriebene Regieanweisungen. Ausgehend von einem minimalen Basiselement versuche ich, das Konzept in seiner Ganzheit zu entwickeln, mit seinen verschiedenen Bedeutungen, von denen ich einige in Erwägung ziehe. Manchmal scheint der Stoff eine andere Richtung zu nehmen, der ich dann folgen muß. Oder der Prozeß unterliegt einer Störung infolge von äußeren Faktoren, die nun Einfluß nehmen. Oder ich muß diese Störung selbst provozieren. Das plötzliche Eindringen eines „Unvorhergesehenen" kann die ganze Annäherung zunichte machen. Dies kann sogar während der Aufführungen geschehen, nach Vollendung des Arbeitsprozesses. Es gab viele solcher unerwarteter Entgleisungen, die dennoch ihre eigene Struktur haben. Manchmal ist es die

Struktur eines Traumes, schwer fassbares Traummaterial. Ich fand mich oft darin gefangen, in einem Material, das eine unbekannte Landschaft offenbart und mich auffordert, sie zu erforschen. Oft spüre ich, wie ich bestimmten Texten Gewalt antue in meinem Bedürfnis nach Konfrontation mit dem Fremden.

Ich bin der Meinung, daß es auf dem Theater keine Satzzeichen gibt, weder Doppelpunkt noch Komma, Ausrufezeichen oder Klammern – Zeichen, die normalerweise im Stadttheater eingesetzt werden als dynamische Mittel der Übermittlung. Sprache hat ihre eigene Temperatur, und es gibt bei den inneren Klängen viele Schwankungen. Das Wort kann nicht im Kortex gefunden werden, der die Kommandos gibt, sondern in den sieben Energiezonen des Körpers. Werden diese klangproduzierenden Energiezonen lokalisiert, kann man den Atemprozess formulieren. Man kann von hier aus atmen, dieser Punkt des Körpers wird beteiligt oder jener Finger mag sich auf Befehl des Zwerchfells bewegen und multidynamische befreiende Bewegungen im Körper produzieren. Gewöhnlich folge ich dem Rhythmus frei von bestimmten Imaginationen in meinem Streben, an den Kern zu gelangen. Ich folge dem Rhythmus, ziele auf einen Punkt dieses abstrakten und aufsässigen Materials, erforsche seine Grenzen. Ich folge dem Rhythmus, als wäre ich eine seiner Komponenten, beziehungsweise ich schalte mein Gehirn aus und gelange über schwierige Körperpositionen in eine unbekannte Landschaft, wo Sprache nicht erklärend, sondern natürlich ist. Oft ist es Sprach-Schmerz. Es handelt sich um eine Anstrengung, die mehr und mehr substantielle Resultate in der Erforschung der vitalen Energie hervorbringt. Vitale, lebendige Energie produziert natürliche Zeit, frei von Emotionen. Eine natürliche Quelle bringt Energie hervor, keine Emotionen. Vor jeder Emotion produziert sie Klänge und Frequenzen. Alles ist klarer vor dem Ansturm der Emotionen. Es gibt einen asiatischen Text über die „sieben Kreise des Interesses". Er erzählt von einer Mutter, der ihr Kind gebracht wird, tot. Bei seinem Anblick bricht ein Schrei aus ihr heraus, sie fällt in einen Schockzustand, dann kommt die Emotion. Die Emotion geht auf die Nachbarn über. Die Nachbarn beginnen zu weinen und zu klagen. Alles wird „Theater". Schließlich steht es in der Zeitung und die Nachbarin ist darauf vorbereitet – wie es heute geschieht –, im Fernsehen über das Ereignis zu berichten. So distanzieren sich leicht die Dinge von der Wahrheit.

Das Theater, meine ich, sollte von der Literatur getrennt werden. Um das zu tun, müssen wir das Theater vom Text befreien. Was natürlich nicht die Priorität der Wörter anzweifelt. Gesprochene Sprache, wie ich sie verstehe, konstituiert niemals eine literarische Sprachform. Da sie die ursprüngliche Funktion der

Die Bakchen, Chor und Agaue (Marianne Hoika)

Die Bakchen, Dionysos (Fatih Cevikkollu), Hofstaat und Chor

Sprache darstellt, ist sie – organisch oder geistig – etwas anderes. Weder Theater als ein literarisches Werk noch Literatur als ein theatralisches haben irgendetwas zu tun mit der Funktion der Wörter.

Ich will nicht sagen, daß man keine Theatertexte mehr lesen sollte. Ich empfinde aber das Bedürfnis, mich von einem zeitgenössischen Theater zu distanzieren, das danach strebt, den Theatertext – eine unabhängige literarische Form – mit dem Theater selbst zu verwechseln, und das zum Sklaven des geschriebenen Wortes wird, ein Theater, bei dem die Sprache des Schauspielers von den gedruckten Worten beherrscht wird.

In Übereinstimmung mit Suzi Terayama sollten wir den Text nicht nehmen als etwas, das Wort für Wort gelesen werden muß, sondern als Landkarte. Die Geschichte der Landkarte ist weitaus älter als die der Literatur. Schon in prähistorischen Zeiten war der Mensch zu graphischen Darstellungen gezwungen, um seinen Standort zu bestimmen und herauszufinden, welche Distanz er noch zurücklegen mußte. Ist das auf der Karte bezeichnete Territorium dem menschlichen Fuß zugänglich, so gehört es zur Geschichte. Ist es, sagen wir, ein imaginärer Raum mit Blumen – die Brutalität menschlicher Beziehungen oder die warme Vertrautheit eines menschlichen Körpers –, dann ist es Theater.

Kann eine Karte auf verschiedene Weisen gelesen werden und der Grund vieler zufälliger Begegnungen sein, so wird der Text zum grundlegenden Schema, das es uns ermöglicht, sich zwischen der Geographie der Innen- und der Außenräume vorwärts und rückwärts zu bewegen – auf einer imaginären theatralischen Reise, die wir gemeinsam mit dem Publikum unternehmen.

Tadashi Suzuki

"König Ödipus"

Notiz zur Inszenierung in Shizuoka, 2000

Auf Affinitäten zwischen dem traditionellen japanischen No-Theater und der griechischen Tragödie wurde oft verwiesen. Offensichtlich sind sie einander in der Bühnenstruktur ähnlich. In beiden ist der Chor untrennbarer Bestandteil der dramatischen Handlung. Beide Dramen verwenden Masken, die es ein bis drei Protagonisten ermöglichen, mehr als eine Rolle zu spielen.

Die größte Ähnlichkeit aber liegt anderswo. Indem sie von den unglückseligen Schicksalen edler Helden berichten, huldigen sie ihnen oder besänftigen ihre Seelen. Sie trotzen der unvermeidlichen Tatsache menschlicher Schwäche im Kontext der ewigen Natur oder der Gesetze jenseits menschlichen Verstehens. Dieses Bild und die Kraft, mit der es dargestellt wird, sind dem No und der griechischen Tragödie im wesentlichen gemeinsam.

Andererseits gibt es auch große Unterschiede. No richtet seinen Blick auf die Nichtigkeit menschlicher Leidenschaften im Spektrum der Ewigkeit. Die griechische Tragödie hingegen betont die unermüdliche Kraft des menschlichen Geistes im Kampf gegen das Schicksal. Auch wenn diesem Kampf die Niederlage bestimmt ist, überwältigen uns die griechischen Helden mit ihrem Willen, die ganze Wahrheit über ihr Vergehen zu erfahren. Eher, als sich in Erinnerungen zu verlieren, wagen sie es, dem Unglück ins Gesicht zu schauen und ihr Bewußtsein davon durch Handeln zu vertiefen. Ödipus ist der repräsentative Fall. Trotz aller böser Vorahnungen geht er seinen vergangenen Sünden nach, wie der schärfste der Ermittler.

Selbst in unserer Alltagswelt wird es schwierig sein, einen vollkommenen Optimisten zu finden. Mit einer Vergangenheit voll schlechter Erinnerungen und einer kaum vorhersehbaren Zukunft kann man nicht anders als sich verwundern, wie der Frieden (wenn es ihn jemals gibt) dauerhaft und verläßlich sein kann. Ökologische Katastrophen, ökonomische Zusammenbrüche, Krankheiten, Verrat durch Freunde, eigene Irrtümer – alles ist möglich und geschieht auch.

Von Furcht getrieben flüchten sich manche in religiöse Kulte, andere ver-

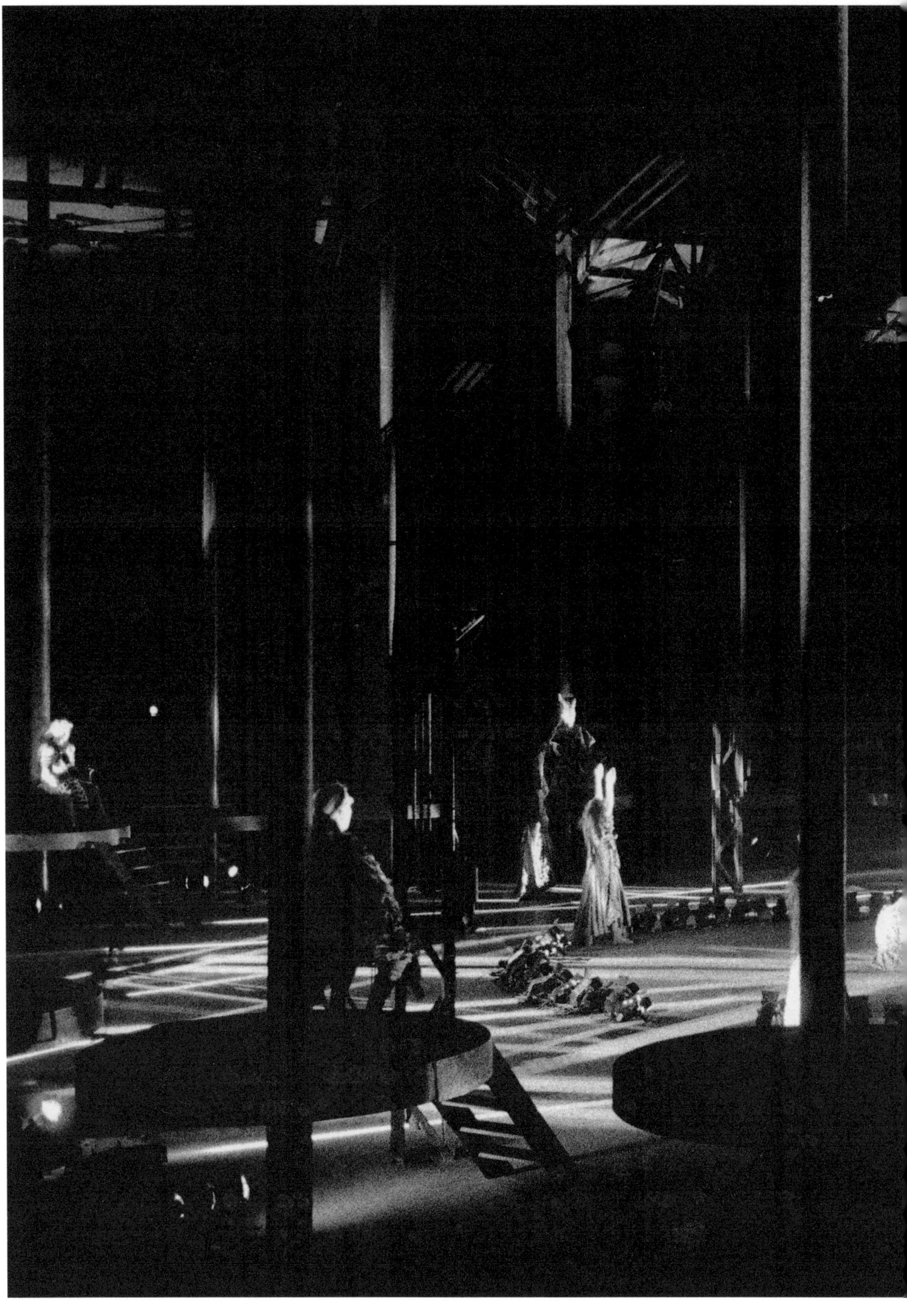

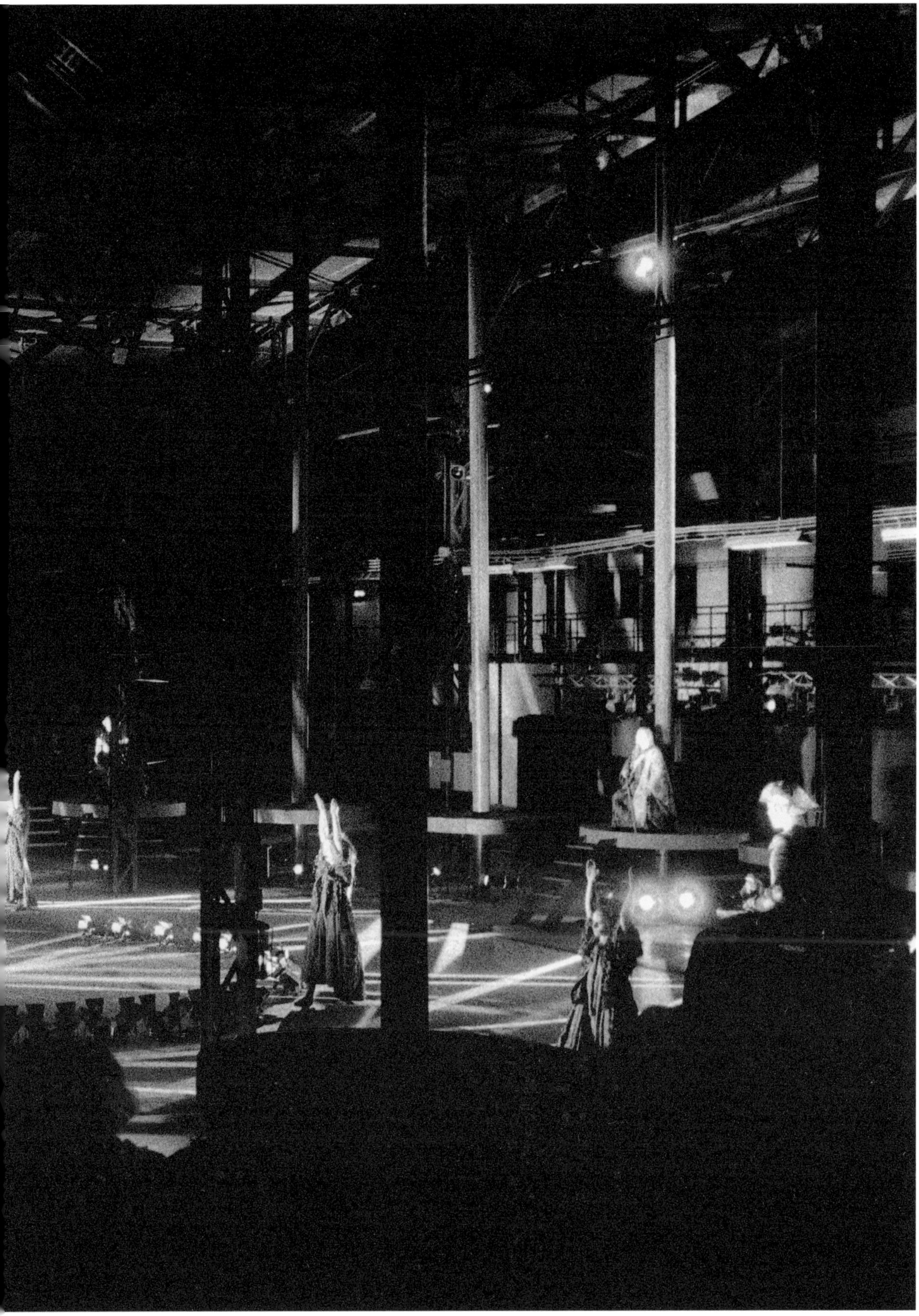

suchen, noch mehr Geld zu machen. Ödipus ist nicht anders in seiner Furcht und den Versuchen, sie zu überwinden.

Nur schreckt er nie zurück in seiner Suche nach Wahrheit, selbst wenn sie ihn zur Selbstblendung treibt.

Wir sind überwältigt von der Kraft und Klarheit, wie menschliches Leben in diesen extremen Formen dargestellt wird, 2500 Jahre vor uns. Das ist ein herrlicher, immer noch lebendiger Verweis auf die Höhe und die Tiefe der kulturellen Kraft des antiken Griechenlands. Hier liegt eine wesentliche moralische Lehre für Seelenstärke und Demut.

Ich habe den Versuch unternommen, dieses Meisterwerk des Sophokles in den explosiven Schmelzofen des traditionellen japanischen Theaters zu werfen, um zu beobachten, was ihm unsere akkumulierte Kunst und unsere vergangene Kunstfertigkeit anhaben können. Ich kann nur hoffen, daß meine Version dieser fatalen Geschichte an eine Saite im Herzen des Publikums rührt.

Notiz zur Inszenierung in Düsseldorf, April 2002

Ein Mann wandert über die Erde, die auf Leinenstoff gemalt ist. Er ist besessen von Erinnerungen an die Vergangenheit der Menschheit. Die Welt scheint eine Psychiatrie oder ein Gefängnis zu sein.

Die Geschichte ist ein Ozean der Erinnerungen. Normalerweise betrachten wir nur seine Oberfläche. Manchmal jedoch tauchen grausame Tatsachen aus der Tiefe des Ozeans auf und zeigen uns, woran unsere verstorbenen Vorfahren gelitten und wogegen sie gekämpft haben. Das erzählt uns, dass die grundlegenden Probleme immer noch nicht gelöst sind und nicht vergessen werden dürfen, dass ihre Existenz ständig bewusst gemacht werden muss und dass wir weiterkämpfen sollen.

Vielleicht sind die Krankheiten der Menschen nicht mehr heilbar. Unsere Verfehlungen nicht mehr wiedergutzumachen. Trotzdem brauchen die Menschen Hoffnungen, um weiterleben zu können. Die Geschichte des Theaters – von seinem Ursprung der griechischen Tragödien bis in die Gegenwart – sagt uns, dass wir, indem wir an die Erinnerungen der Vergangenheit anknüpfen, unsere aktuellen Probleme hierin wiedererkennen, und dass wir den Kampf um unser Überleben auch im 21. Jahrhundert fortsetzen müssen.

TADASHI SUZUKI

König Ödipus, Iokaste (Marianne Hoika), Kreon (Christian Holdt) und Ödipus (Götz Argus)

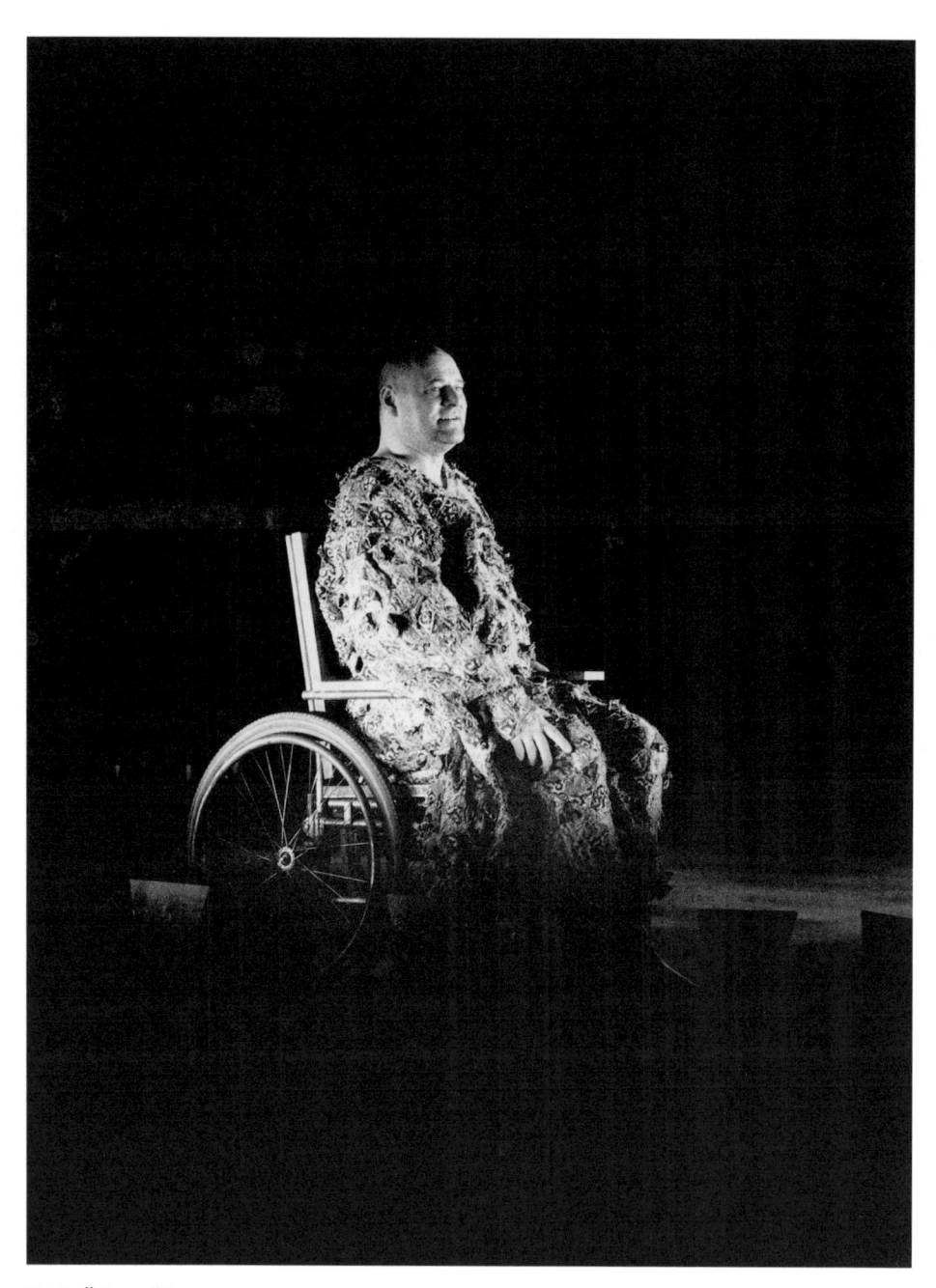

König Ödipus, Ödipus (Götz Argus)

König Ödipus, Wächter (Simon Solberg)

Die Struktur meiner Inszenierung behandelt die Erinnerungen eines Mannes – Ödipus, kurz vor seinem Sterben. Die Situation könnte man sich entweder in einem Gefängnis oder in einer psychiatrischen Klinik vorstellen. Seine Erinnerungen entfalten sich als Geschichte, und schließlich erlebt er sein Sterben. Ödipus ist ein Krieger mit außergewöhnlicher Intelligenz und großem Kampfgeist. Dieser Mann ruiniert sein Leben durch unbewussten Vatermord und Blutschande – wozu ein normaler Mensch nie eine Chance erhält. Um diese inneren Konflikte zu visualisieren, die nie lösbar sind, selbst wenn Ödipus die Wahrheit erfährt, macht der Protagonist seine grundsätzliche Bewegung in der Form eines Kreises. Der Kreis entspricht dem stets und unveränderbar besessenen Herz, das beständig nach dem Problem forscht. Im japanischen traditionellen Theater heisst eine kreisförmige Bewegung "verrückter Tanz" und entspricht dem Wahnsinn. Wird ein Tier von einer körperlichen oder geistigen Krankheit befallen, bewegt es sich immer auf einer Kreislinie. Das ist das andere Merkmal meiner Inszenierung. Um das Schicksal von Ödipus und den Priesterinnen des Apollon darzustellen, bewegen sich die Schauspieler hauptsächlich horizontal in gleichbleibendem Tempo, ihr Schwerpunkt befindet sich immer in derselben Höhe. Das zeigt symbolisch: sie bewegen sich nicht nach ihrem eigenen Willen, sondern werden von etwas anderem bewegt.

Die Welt ist ein Krankenhaus, und wir alle sind unter Krankheiten leidende Menschen. Das ist der kontinuierliche Baßton für meine Inszenierung in Düsseldorf.

TADASHI SUZUKI

Valery Fokin
April 2002

Zur Inszenierung von
"Sieben gegen Theben"

Die jetzige Arbeit ist für mich eine erste Erfahrung mit einer griechischen Tragödie.

Als ich früher *Antigone, Medea* oder *König Ödipus* las, erwog ich nie, sie aufzuführen, doch jetzt wirkte die Tragödie *Sieben gegen Theben* von Aischylos emotional so stark auf mich, dass ich mich zu ihrer Inszenierung entschloss.

Dieses Stück ist erstaunlich zeitgenössisch – so sehr, dass einen das Gefühl nicht verlässt, es sei gerade, nicht gestern, sondern heute morgen geschrieben worden. Und das liegt nicht nur an den aktuellen Assoziationen.

Der Mensch kann sich – ungeachtet der Entwicklung von Wissenschaft, Technik, Intellekt – nicht grundsätzlich verändern. Durch eine aktive geistige Vervollkommnung, die Arbeit an sich selbst geschieht das zwar, doch äußerst langsam. Die Welt aber stürzt sich täglich in mittelalterliche Daseinsformen: das konnten wir jetzt im Kosovo und im Kaukasus beobachten. Die furchtbare, erschreckende Aktualität kommt aus dem Erlebnis des Krieges. Es ist im Text von Aischylos enthalten.

Ich transponiere das Geschehen der Tragödie in den Kaukasus. Diese Übertragung hat eine emotionale Bedeutung. Sie zielt nicht auf konkrete Dinge, nicht auf den Ort, an dem es warm ist und an dem Zypressen wachsen, sondern sie zielt auf ein bestimmtes emotionales Feld: auf Bürgerkriege, deren Wesen Brudermord ist. Während der Krieg andauert, sich fast erschöpft, abschlafft, wieder anrollt, setzt sich das Leben fort: die Menschen verlieben sich, sterben, gebären Kinder. All das geschieht im Zustand des ununterbrochenen Krieges. Sehr wichtig ist hier, dass sich einander nahe Menschen oft auf verschiedenen Seiten der Barrikaden finden. Darin hat Russland eine große und bittere Erfahrung. Es genügt, daran zu erinnern, wie im nachrevolutionären Bürgerkrieg die Familien zerfielen: der Vater und der älteste Sohne kämpften auf der Seite der Weißen, die jüngeren Brüder aber gingen zu den Roten. So eine Spaltung in zwei feindliche, einander tödlich hassende Lager gab es auch im ehemaligen Jugoslawien. Das ist nicht die Situation eines Krieges mit einem

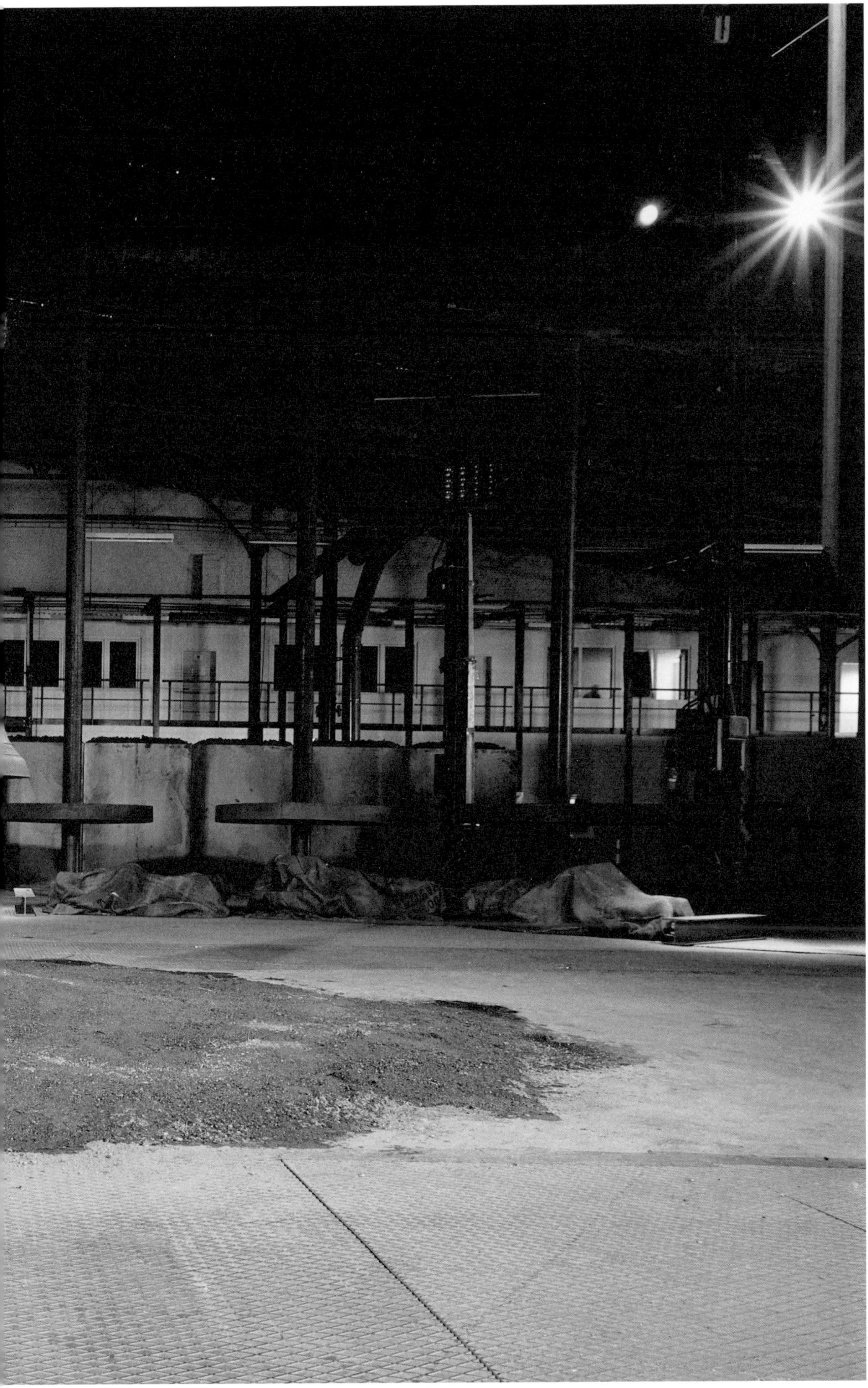

Feind, der eine andere Sprache spricht, vom anderen Ende der Welt kommt, sondern es ist ein Krieg zwischen Menschen, die in einer Straße wohnten, das gleiche Brot aßen. Der Krieg ist immer eine schmutzige, unmoralische, verbrecherische Sache, doch wenn er Menschen trennt, die vom selben Blut sind, dieselben Sitten, Gewohnheiten, Lebensprinzipien teilen – ist er ungeheuerlich und wüst.

Da ich das Stück als eine krass zeitgenössische Geschichte lese, habe ich mich entschlossen, es in Kostümen realisieren, die nicht auf das alte Griechenland verweisen werden. Das bezieht sich auch auf die Requisite: es werden heutige Gegenstände benutzt. Der Chor wird aus sieben Frauen und drei Mädchen bestehen, die schwarz gekleidet sind (wie im Orient). Alle werden lange Haare haben: grau vom täglichen Schrecken, den sie beobachten. Die Mädchen sehen aus wie alte Frauen. Doch trotz Krieg und grauer Haare bleiben sie Kinder. Sie spielen unter Bomben und Geschützfeuer. Ich hebe die Teilung in Chor und Gegenchor auf. Für mich ist der Chor etwas wie ein lebendiger Schild – erhoben gegen den Feind. Wichtig ist, dass der Chor als ein Ganzes existiert, wie ein Mensch. Ich werde der Trauer, der Wehklage eine zeitgenössische Form geben. Jedes Volk hat seine Sitten und Rituale. Das will ich nutzen und kaukasische Zeremonien einsetzen. Heute ist der Kaukasus ein Schmerz für Russland. Dort verlieren jeden Tag Menschen ihr Leben. Das ist ein entsetzliches Bild, ohne Aussicht auf Veränderung. Es gibt keinen Lichtschimmer. Eine Wunde, die sich nicht schließt.

Mich schockierte einmal eine Nachrichtensendung aus Abchasien. Militärische Formationen. Ein Lehrer, der gestern noch Kindern Literatur oder Mathematik beibrachte, steht in Sporthosen, Turnschuhen, Schirmmütze zuhause in seinem Flur, hängt sich ein Maschinengewehr über die Schulter und geht zum Töten. Aber der Eindruck war, als hätte er gerade alles im Kaufhaus erstanden. Ganz einfach, alltäglich, primitiv, und zugleich ist es schrecklich. Der Mensch geht hinaus, sein Haus zu verteidigen. Die Reden über den Schutz seines Herds werden nicht zu Unrecht geführt, doch andererseits erweisen sie sich als fruchtbarer Boden für Demagogie.

Ich habe überhaupt nicht vor, den Ton der hohen Tragödie zu senken, sie ins Alltägliche zu ziehen, sondern ich möchte sie einfach unserer heutigen Existenz annähern. Das hohe Pathos der Tragödie, ihre Glut, drückt sich in jener Vorbestimmtheit aus, dem Schicksal, ich würde sagen, dem göttlichen Plan, dem auszuweichen unmöglich ist. Wichtig ist es zu zeigen, dass die Hilflosigkeit des Menschen vor dem Schicksal ein heutiger, kein gestriger Zustand ist.

Interessant sind für mich die Figuren des Eteokles und des Boten. Den Boten

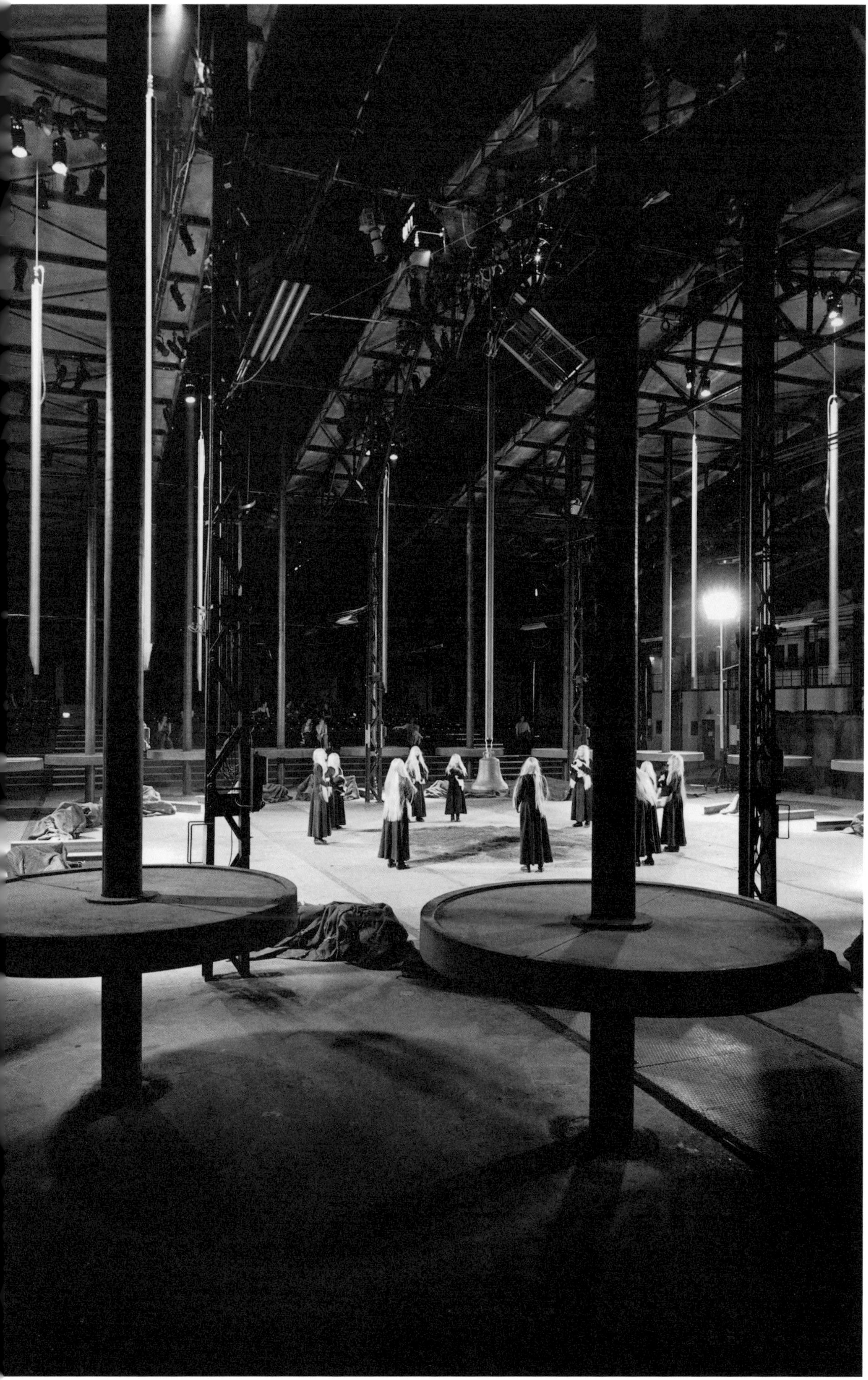

Sieben gegen Theben, Eteokles (Wolfram Koch), Wache und Chor

Sieben gegen Theben, Eteokles (Wolfram Koch)

und den Herold wird in der Aufführung ein Schauspieler spielen. Die Gestalt, die dadurch entsteht, beschäftigt mich als eine eigene Persönlichkeit: Anfangs gehört sie zu den Freunden, dann rückt sie ab in die Rolle des Beobachters – wer wird siegen und nach dem Tod der Brüder die Macht in die Hände nehmen. Sein Zusammenstoß mit Antigone in der Schlußszene symbolisiert das Kommen des Diktators. Im Unterschied zu Eteokles, einer reflektierenden Gestalt, die in der unausweichlichen Begegnung mit dem Bruder den Tod ahnt, der ihn als Vergeltung ereilen wird, ist er die andere Figur – hart, zynisch, grausam, ein Künstler der Verstellung, der die Masken leicht wechselt. Das ist eine sehr heutige Gestalt. Zynisch kann er dir ein Freund sein, zynisch dich verraten, ohne seinen Verrat moralisch zu bewerten, denn in seiner Vorstellung ist das normal: er hat sich ein Ziel gesetzt, und das muss er erreichen.

Gespräch zwischen Anna Badora
und Manfred Weber

Der Chor
der "Antigone"

Einsam stand ich und sah in die afrikanischen dürren
Ebnen hinaus; vom Olymp regnete Feuer herab,
Und es trieb mich an, noch Andre zu suchen,
Fern zum nördlichen Pol kam ich in Schiffen herauf.
Still in der Hülse von Schnee schlief da das gefesselte Leben,
Alt bin ich geworden indes, mich bleichet der Eispol,
Und im Feuer des Süds fielen mir die Locken aus.
Ach! Indes mich umsonst Vater und Mutter gesucht.
Aber wo sind sie? Du schweigst? Du zögerst? Hüter des Hauses!
Geht hinein, melde den Fremden, den Sohn,
Daß sich öffnen die Arm und mir ihr Segen begegne,
Aber ich ahn es schon, in heilige Fremde dahin sind
Nun auch sie mir, und nie kehret ihr Lieben zurück.

Verse aus: Der Wanderer *von Friedrich Hölderlin,*
eingerichtet als Chortext und vorangestellt
der Aufführung der Antigone *des Sophokles*
in der Übersetzung von Hölderlin
und Bearbeitung von Martin Walser

MANFRED WEBER: Joachim Sartorius hat 1990 in seiner Laudatio auf Jannis Kounellis das Exil als einen Wesenszug seines Werkes bezeichnet. Du hast Jannis Kounellis in Vorbereitung auf Deine Inszenierung von *Antigone* in Rom besucht.

ANNA BADORA: Ich bin inspiriert und aufgewühlt zurückgekommen! Jannis Kounellis hat im Zentrum seines Säulenkreises einen ungewöhnlichen, verwaisten Ort gebaut, der mit seinen Eisenträgern an die Umrisse eines Containers oder an ein Element des babylonischen Turmes erinnert. Theben als universeller Platz nach einem Krieg, eine Stadt, die keine mehr ist, nur noch das Skelett ihrer einstigen Größe.

Ich bin von dem ursprünglichen Gedanken, *Antigone* mit einem Urknall anzufangen, abgekommen. Die Vorstellung, dass Polyneikes in einem Bruder-

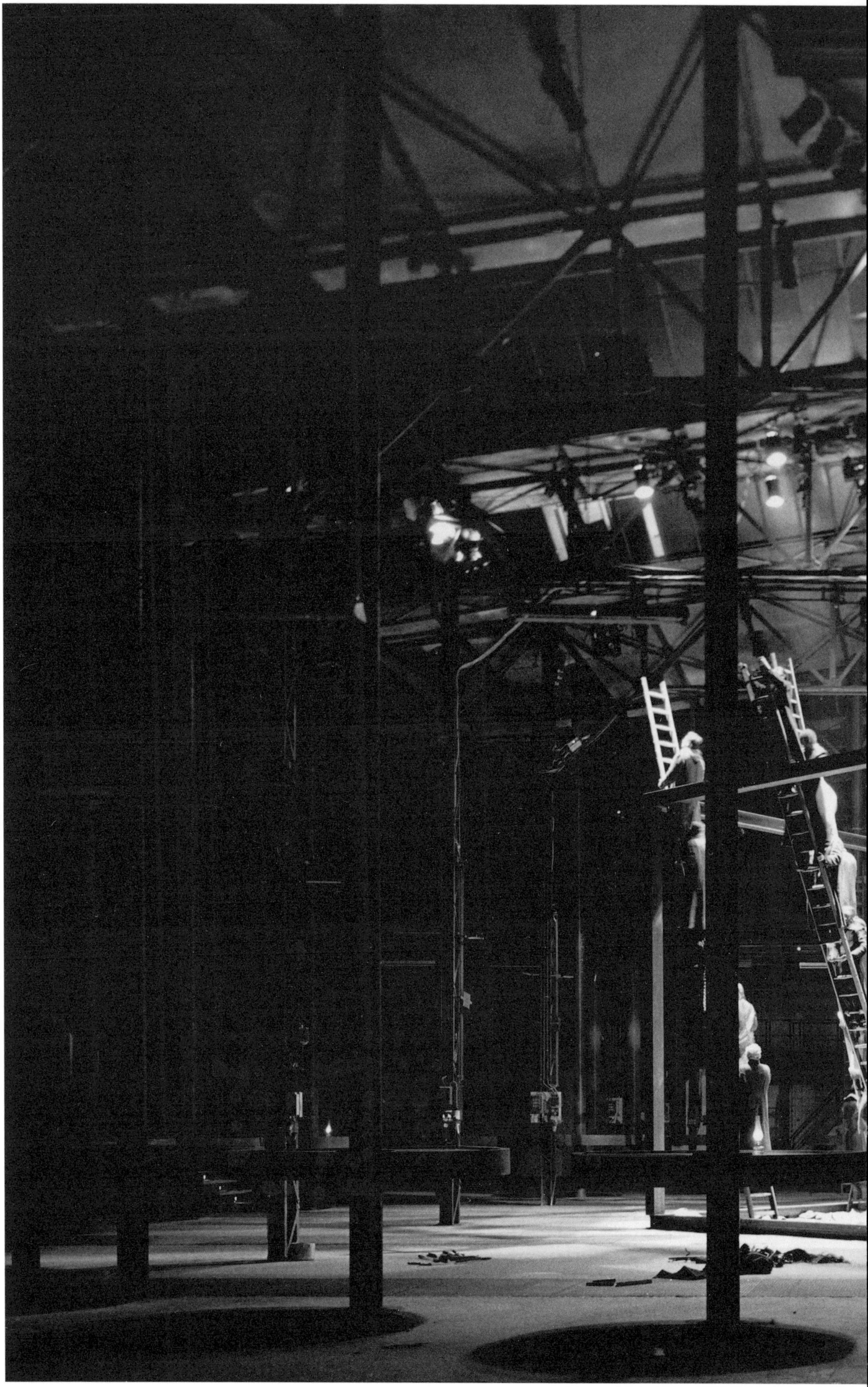

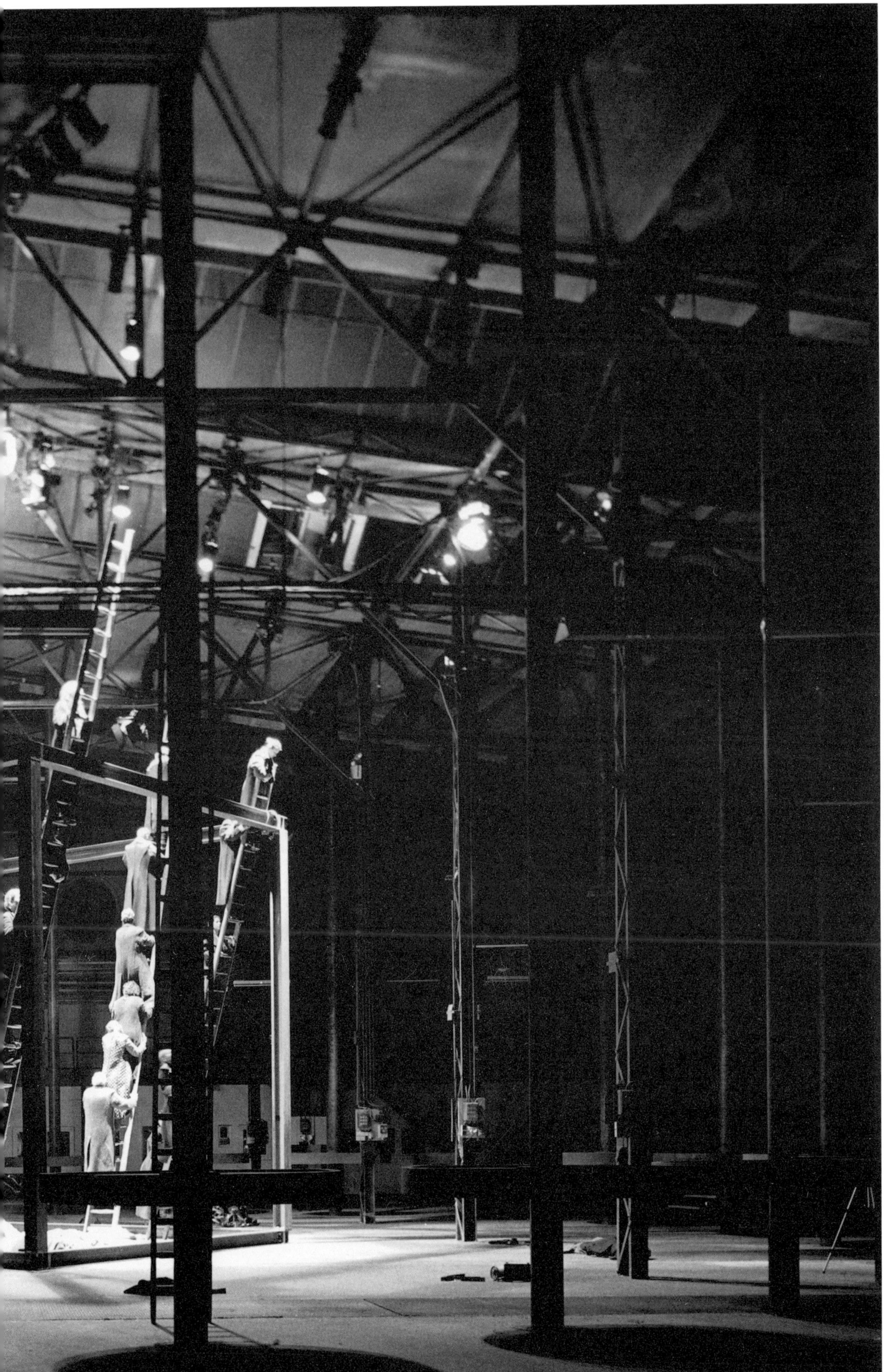

kampf sich selbst und seine Stadt in die Luft sprengt, kam mir letztlich trivial und zu flach vor. Aber die Idee einer versprengten Welt scheint mir nach wie vor spannend. Ein Zentrum existiert nicht mehr, statt dessen ein Vakuum, das eine Gruppe von „transitären Existenzen" beherbergt...

MANFRED WEBER: Wichtig ist, dass *Antigone* einige Stunden nach der Schlacht beginnt, in der Eteokles und Polyneikes im Bruderkampf, in einem Bruderkrieg, fielen. Die Schlacht scheint beendet, aber noch nicht der Krieg zwischen den unübersichtlichen Fronten, die von keinen Staaten mehr gezogen werden. Es herrscht die Ungewissheit des Übergangs im Niemandsland. Vielleicht befinden sich Deine Versprengten auf Wanderschaft zwischen diesen Fronten? Sie warten und orientieren sich, wer sich als Sieger zu erkennen gibt?

ANNA BADORA: Wenn man Heideggers Bild des Menschen als eines „Fremden im Hause des Seins" der *Antigone*-Interpretation zugrunde legt, sind alle Figuren des Stückes „versprengt"; verbannt aus der erdgebundenen und gemeinschaftlichen Ordnung, entfremdet der Natur, den Mitmenschen und sich selbst. Der Traum einer Heimkehr kann nicht realisiert werden. Der mehrsprachige Chor der Flüchtlinge, der Migranten, ist nur die Zuspitzung dieses Bildes. Der Chor auf der Durchreise. Menschen tragen anstelle von Koffern ihre alten Kulturschätze in sich, Sprachen, Lieder... Sie haben wahrscheinlich keine gemeinsamen Kriterien, keine für „ganz Theben" geltende Wertvorstellungen.

Spannend finde ich die Frage, wie sich dieser Chor in der Antigone-Kreon-Auseinandersetzung positioniert, ob er überhaupt „verhältnismäßig" reagieren kann. Vielleicht kann er sich mit keinem der beiden Rechtssysteme richtig identifizieren? Für Kreon sind sie eine konforme, verachtungswürdige Masse...

MANFRED WEBER: die er aber dringend braucht. Kreon will die Macht in dem Vakuum des Übergangs besetzen; er will es um jeden Preis als seinen Staat konstituieren. In einigen Jahren wird er viele von diesen Menschen des Landes verweisen, heute aber braucht er sie noch. Ohne sie kann er seine Macht nicht aufbauen. Wahrscheinlich ekelt er sich vor ihnen und hat Schwierigkeiten, ihre Sprache zu treffen, überzeugend zu wirken... Es kostet ihn Mühe... Aber sie sind wichtig als Meinungsträger, sie sind Basis der Macht.

ANNA BADORA: Der Chor als Aussätzige; als Zustand der Gesellschaft, keiner will sie haben, als tote Lebende (wie Antigone). Kreon hat sicherlich Angst vor ihnen... Menschen, die fähig sind, bestimmte Erfahrungen zu machen, sind in seinen Augen gefährlich. „Das Vakuum des Übergangs" ist übrigens auch ein wichtiger Hinweis für die Schauspieler, wie sie ihre Annäherung an den Text verstehen sollen. Niemandsland, in dem alles möglich, aber noch nichts etabliert ist. Manches wird zum erstenmal ausgesprochen, zum erstenmal formuliert. Keine Geschichte, kein anerzogenes Wissen um die Dinge, kein

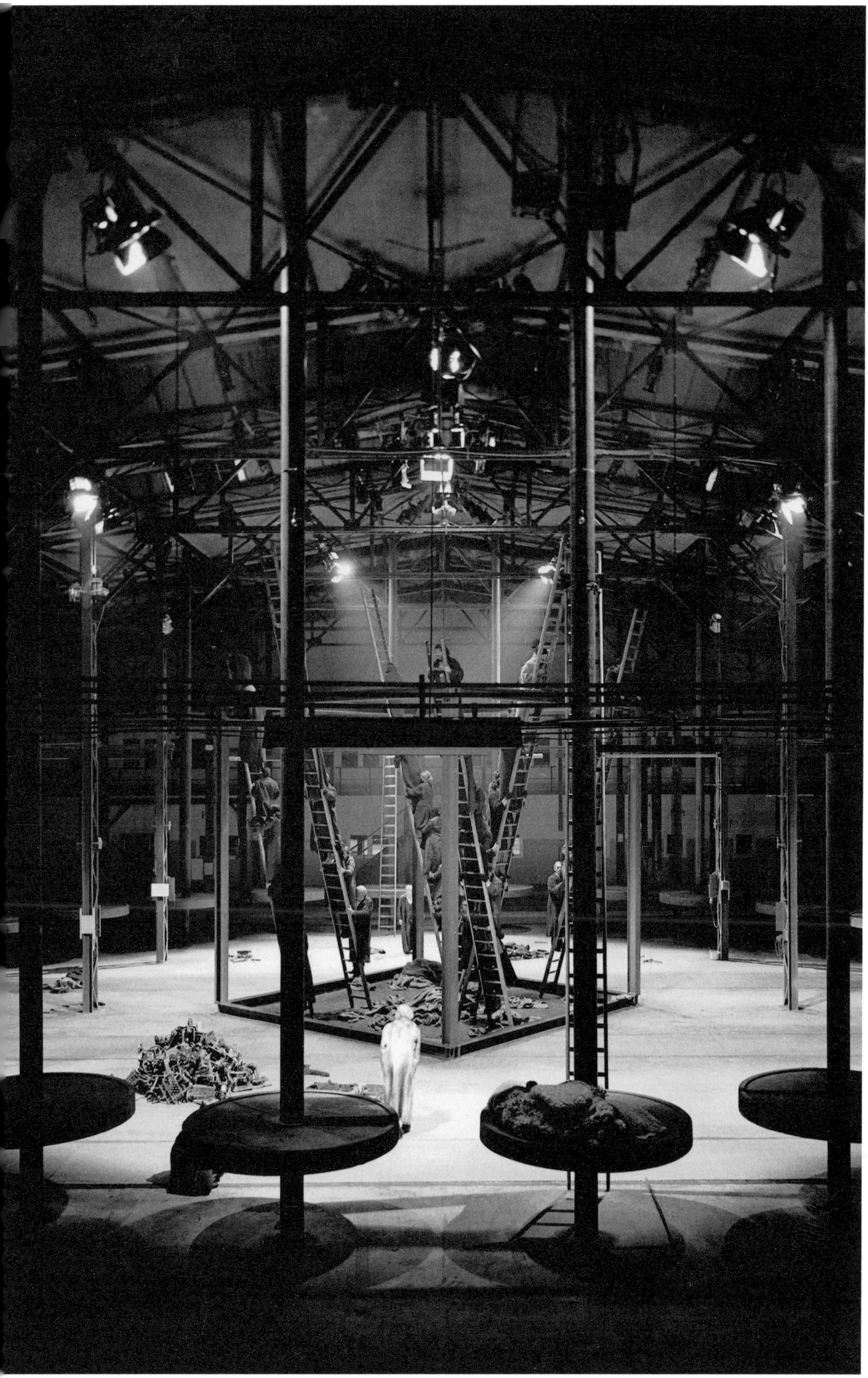

Antigone, Kreon (Horst Mendroch)

Antigone, Haimon (Christoph Luser) und Chor

Wertesystem, auf das man sich selbstverständlich berufen kann. Eine spielerische Unschuld treibt die archaischen Durchsetzungskämpfe noch an. Jeder Satz ist ein Versuch, die Welt neu zu erschaffen. Vielleicht ist auch ein Begräbnis eine Erfahrung von solch tiefer Bedeutung.

MANFRED WEBER: Noch nach dem Ende des Bosnienkrieges müssen Soldaten der internationalen Schutztruppe die Gräber der unterschiedlichen Ethnien, soweit sie auffindbar und erkennbar sind, schützen. Viele bleiben vermisst, und die Angehörigen suchen immer noch nach einer Spur ihrer Verwandten.

ANNA BADORA: Ich sehe eine Szene, in der Antigone aus Teilen der zerstörten Stadt – Jannis Kounellis ließ Nähmaschinen und Küchenmesser zusammentragen – ihren Bruder zusammensetzt und aufbahrt, dessen Leiche nicht mehr auffindbar (erkennbar) ist. Sie bedeckt ihn mit ihren abgeschnittenen Haaren und wiederholt diesen Vorgang als stumme Klage.

MANFRED WEBER: Den Ausgangspunkt des Gespräches bildete ein Text aus dem Gedicht „Der Wanderer" von Hölderlin. Das Wandern und das Exil sind übergreifende Metaphern der Skulpturen-Landschaften von Jannis Kounellis.

ANNA BADORA: Die Figuren bewegen sich in einem Raum, wo der Grad zwischen Lebenden und Toten fließend verläuft. Gegen das behauptete Recht des Kreon setzt Antigone die Gerechtigkeit der Toten und deren Recht auf Bestattung. Kreon achtet nicht das Recht der Toten als universelles Menschenrecht. Vor den Vätern sterben die Söhne und die Töchter. Es bleibt die Fremde im eigenen Haus. Und auch die Götter bleiben im Exil, und da ist keine Rettung für Antigone, Kreon und niemanden. Der Chor zieht weiter.

Frank Raddatz

Mania Thebaia

Die auf dem thebanischen Sagenkreis basierenden Tragödien *Die Bakchen, König Ödipus, Sieben gegen Theben* und *Antigone* gehören zu den grundlegenden Texten der abendländischen Literatur. In ihren Tiefenschichten berichten sie von einem fundamentalen zivilisatorischen Bruch. War es in präpatriarchalischen gesellschaftlichen Formationen Brauch, zur Zeit des Herbstes in Anlehnung an den Naturzyklus die Königsfigur zu opfern, so wird in *Die Bakchen* ein fernes Echo dieses rituellen Königsmords spürbar. Allerdings erkennt Agaue, die ihren Sohn, den König Pentheus, bei den dionysischen Festlichkeiten zerrissen hat wie ein wildes Tier, ihre Tat und veräußert ihren Schmerz. Der Text des Euripides reflektiert die Geburt des Individuums und der Tragödie, die aus diesen kultischen Handlungen hervorgegangen und dem Gott Dionysos geweiht ist.

In *Die Bakchen* kollidieren nicht nur Instinkt und Logos. Der Konflikt zwischen Pentheus, dem Vertreter der Polis, und dem Gott Dionysos beinhaltet zugleich den Zusammenprall eines linearen und eines zyklischen Weltbilds. Die Repräsentanten des Palastes und der rationalen Ordnung bewegen sich in der Inszenierung von Theodoros Terzopoulos auf einer Längsachse, einer Verkörperung der linearen Zeitauffassung, während die Bakchen den Kreis, als Symbol des Zyklischen, besetzt haben. Durchqueren die Palastbewohner den Mittelpunkt oder das Kraftzentrum des Kreises, das von Dionysos beherrscht wird, gelangen sie in den Bereich, wo das Individuationsprinzip aufgehoben ist und sich Mensch und Natur im rituellen Fest vereinigen. Die Geometrisierung der Tragödie durch Terzopoulos reflektiert somit ein für die griechische Antike wie die Entwicklung des Abendlandes fundamentales Ereignis: die Konstitution abendländischer Rationalität als Prinzip innerer wie äußerer Naturbeherrschung.

Mythos und Moderne sind tiefer ineinander verschränkt, als aufklärende Mythenkritik ihrem eigenem Selbstverständnis nach wahrhaben kann und will. „Wie die Mythen schon Aufklärung vollziehen, so verstrickt Aufklärung mit jedem ihrer Schritte tiefer sich in Mythologie. Allen Stoff empfängt sie von den Mythen, um sie zu zerstören, und als Richtende gerät sie in den mythischen Bann", lautet das Fazit von Adorno und Horkheimer. So zählt es zu einem der seltsamsten Phänomene der Moderne, dass die mythischen Heroen zu den Protagonisten avancierten, durch und mit denen sich Denken und Dichten im 19. und 20. Jahrhundert entfaltete. Hegels Deutung der *Antigone* des Sophokles ist noch heute Schulstoff. Kierkegaard gibt der thebanischen Königstochter *Antigone* die Konturen einer existentialistischen Leitfigur. Nicht nur in der *Geburt der Tragödie,* sondern im Zentrum von Nietzsches Gesamtwerk steht Dionysos, der in *Die Bakchen* besungene Gott, als verkörperter Traum einer versöhnten Einheit mit der Natur. In der Figur des ausgestoßenen thebanischen Königssohns Ödipus verdichten sich für Freud die intimsten psychischen Regungen modernen Seelenlebens. Die Söhne, die Ödipus mit seiner Mutter Iokaste zeugte, Polyneikes und Eteokles, geben als das feindliche Brüderpaar in *Sieben gegen Theben* der dramatischen Literatur das Urbild der Antipoden. Sie sind die literarischen Ahnen von Karl und Franz Moor in Schillers *Die Räuber,* von Gothland und Berdoa in Grabbes *Herzog Theodor von Gothland* oder Bruder 1 und Bruder 2 in Heiner Müllers *Die Schlacht.* An ihnen entwickelt René Girard seine Metatheorie des Tragischen *Das Heilige und die Gewalt.* Der Mythos ist der Spiegel, in dem die Moderne ihr Antlitz sucht und sich kenntlich wird. Er konstituiert Kunst und Theorie der Moderne.

Das innere Verwebtsein von Antike und Moderne bezeugt die andauernde Gültigkeit der Gussformen abendländischer Identität. Einer Identität, die im Innersten von Verwerfungen, Spaltungen und Unversöhntheit gekennzeichnet ist. Die für die Menschwerdung des Menschen notwendige Errichtung von Tabus ließ in der griechischen Antike zugleich eine Zone von Verbot und Überschreitung entstehen, an deren Grenzen und Widersprüchen sich Subjektivität erst formen konnte. Spaltung ist der Preis dieser Subjektivität, und die Tragödie Abdruck der bipolaren Struktur dieses menschlichen Entwurfs. An den moralischen Wertsetzungen, welche die ideologischen Grenzsteine des jungen Patriarchats bilden, zerbrechen die tragischen Helden, wie sie heute noch die psychischen Abberationen bestimmen. „Die Welt scheint eine Psychiatrie zu sein oder ein Gefängnis", beschreibt Tadashi Suzuki seinen Inszenierungsansatz zu *König Ödipus*. Sind die Konflikte, die von den archaischen Dispositionen hervorgerufen werden, zwar ins Unbewusste abgesunken, sind sie doch weiterhin virulent. „Manchmal tauchen jedoch grausame Tatsachen aus der Tiefe des Ozeans der Erinnerung auf und zeigen uns, woran unsere verstorbenen Vorfahren gelitten und wogegen sie gekämpft haben. Das erzählt uns, dass die grundlegenden Probleme immer noch nicht gelöst sind und nicht vergessen werden dürfen, dass ihre Existenz ständig bewusst gemacht werden muss und dass wir weiterkämpfen müssen." Die Inszenierung von Tadashi Suzuki, der die Formen des traditionellen japanischen Theaters mit den Formen der europäischen Avantgarde verbindet, lässt Antike und Moderne, Tradition und Avantgarde miteinander verschmelzen. Nicht mehr lässt sich ausmachen, ob sein *Ödipus* in der Vergangenheit oder in der Zukunft spielt, befinden wir uns doch in dessen Erinnerungsraum, der ebenso heute Gültigkeit besitzt wie gestern und morgen. „Denn vielleicht sind die Krankheiten des Menschen nicht mehr heilbar. Unsere Verfehlungen nicht mehr wieder gutzumachen."

Ödipus erzählt von der Durchsetzung des Inzestverbots. Nachdem das animistische Weltbild respektive die Sphinx gestürzt ist, bildet sich eine männliche Identitätsform heraus, die sich ihrer selbst nie gewiss sein kann und vorrangig im Gegenüber den Rivalen sieht. Rivalität prägt nicht nur das Vater-Sohn-Verhältnis, sondern auch das Verhältnis der Brüder in *Sieben gegen Theben*, die einander im Kampf um die Macht erschlagen. Rivalität scheint sich seitdem als das vorherrschende Prinzip etabliert zu haben. So beschreibt Valery Fokin die beklemmende Aktualität von *Sieben gegen Theben:* „Dieses Stück ist erstaunlich zeitgenössisch – so sehr, dass einen das Gefühl nicht verlässt, es sei gerade, nicht gestern, sondern heute morgen geschrieben worden. Die erschreckende Aktualität kommt aus dem Erlebnis des Krieges."

Im Gegensatz zu dem rivalisierenden Brüderpaar herrscht zwischen den beiden Schwestern Antigone und Ismene in *Antigone* eine Grundsolidarität. Ismene will, obwohl sie Antigones Ansichten nicht teilt, mit ihr in den Tod gehen, um der Schwester die Konsequenzen ihrer Tat zu erleichtern. Die archaische Gewalt der *Bakchen* hat sich im Laufe dieses historischen Prozesses zum weiblichen Widerstand emanzipiert.

Der Rekurs auf die attische Antike, aus der die noch gültige dichotomische Struktur von Subjektivität hervorging, zählt zu einer Invariante der Moderne, ohne diese menschlichen Risse und Spaltungen versöhnen zu können. Das Tragische aber, dass die Ausweglosigkeit als Grundsituation des Individuums postuliert, „denn, was gibt es mehr, als ein glückliches Scheitern" (Martin Heidegger), ist den Traditionslinien des christlichen Europas auch in dessen säkularisierter Gestalt fremd. Weder Fortschrittsglaube noch utopische Entwürfe konnten das Tragische integrieren, so dass bis auf wenige Ausnahmen keine Tragödien mehr entstanden sind. Möglicherweise steht dem Tragischen gerade nach dem Ende der Utopie und des ungebrochenen Fortschrittsglaubens eine Renaissance bevor, und erweist sich seine Resistenz gegenüber den gesellschaftlich verordneten Harmonieangeboten und allen glücksverheißenden Prophezeiungen zum Trotz im anbrechenden Zeitalter der Information und der Globalisierung als gültige Sicht der Dinge. Denn in der Welt des Tragischen ist der Konflikt der Normalfall. Heiner Müller gewann aus der Tragödie die Maßstäbe, die Katastrophen des 20. Jahrhunderts zu bewerten. Sie hat sie ihre Tauglichkeit zur Beschreibung der aktuellen Weltgeschichte unter Beweis gestellt. In dieser Hinsicht lassen sich die thebanischen Tragödien zugleich als Bezugs- wie Kontrapunkt des Heute lesen. Sie eröffnen Räume des Anderen, argumentieren mit spirituellen Horizonten, die mehr auf ein metaphysisches Vakuum und die sakralen Leerstellen des Bestehenden verweisen als auf deren geschichtsmächtige Anwesenheit.

In der Differenz zum Gegenwärtigen wird das thebanische Modell produktiv. Berichten die Stoffe von den Anfängen des Patriarchats und sprechen die Tiefenschichten der Texte von einer Überwindung des Erdmutterkults, so liest sich das 20. Jahrhundert soziologisch als zunehmende Einebnung patriarchalischer Strukturen. Gewinnt mit den öffentlich veräußerten Schmerzen der Protagonisten das Individuum erste Konturen, steht gegenwärtig das Verschwinden des Subjekts und die Vermassung des Einzelnen zur Debatte.

Der Chor, der die Individuen ausspuckt und wieder einsaugt, steht thematisch wie theatralisch im Zentrum von Anna Badoras Inszenierung der *Antigone*. Der Chor, den sie aus heutigen Großstadtbewohnern und Migranten bildet, demonstriert nicht nur die Entwurzelung des modernen Menschen, sondern zeigt zugleich den Umschlag der Vereinzelung in Vermassung an. Es handelt sich um äußere wie innere Migration. Der Topos von der Vertreibung aus dem Paradies liest sich in *Antigone* als „ontologische Kollision" (George Steiner). Der Mensch ist zum Untergang verurteilt. Der Herd, das Familiäre und die Heimkehr existieren, „um aus ihnen auszubrechen und das hereinbrechen zu lassen, was überwältigt." (Martin Heidegger) Antigone steht als letztes Individuum einer alles vereinnahmenden Bewegung der Homogenisierung und Vermassung entgegen. Ihre Bejahung des Todes ist ein existentieller Protest gegen des Verschwinden das Subjekts.

Am Maß des tragischen Zeitalters gemessen, erweist sich Gegenwart als das Endstadium einer Entwicklung, die von der Akropolis ihren Ausgang nahm. Das metaphysische Vakuum und die transzendentale Obdachlosigkeit, als Resultate umfassender Säkularisation, geben der Moderne ein Gepräge, an dem die Mächte des Nicht-Menschlichen an die Peripherie oder ins Unbewusste gedrängt wurden, was sie aber nicht hindern wird, bei anhaltender kollektiver Ich-Schwäche erneut virulent zu werden. An die Stelle der Götter ist der sich nicht weniger irrational verhaltende Geldwert gerückt, dem als scheinbarer Ausdruck von Rationalität zugetraut wird, alles zu regulieren.

FRANK RADDATZ

Die Besetzungen der vier Inszenierungen

Regie

    Theodoros Terzopoulos
    Tadashi Suzuki
    Valery Fokin
    Anna Badora

Raum

    Jannis Kounellis

Der Stab für die gesamte Produktion

    Frank M. Raddatz, *Künstlerische Leitung*
    Günther Spohr, *Produktionsleitung*
    Eduard Winklhofer, *Bühnenbildmitarbeit*
    Sybille Meier, *Dramaturgiemitarbeit*
    Martin Oelbermann, *Regieassistenz*
    Simone Willnecker, *Kostümassistenz*
    Uta Horn, *Bühnenbildassistenz*
    Jochen Fenes, Jule Fahrenkrog-Petersen, *Inspizienz*
    Tanja Brügger, Beate Fröchte, *Souffleusen*

Leitung Düsseldorfer Schauspielhaus

    Anna Badora, *Generalintendantin*
    Mathias Eichhorn, *Kaufmännischer Geschäftsführer*
    Manfred Weber, *Künstlerischer Betriebsdirektor*

Die Bakchen

von Euripides,
deutsch von
Ernst Buschor

Dionysos ::
    Fatih Cevikkollu
Teiresias ::
    Götz Argus
Kadmos ::
    Volker Spengler
Pentheus ::
    Martin Schneider
Bote 1 / Trabant ::
    Tim Egloff
Bote 2 ::
    Christian Holdt
Agaue ::
    Marianne Hoika
Chorführerin ::
    Nina Dipla
Chor ::
    Claudia Mau | Fabian Monasterios
    Eva Müller | Sebastian Muskalla
    Lisa Nielebock | Christian Onciu
    Agnes Regula | Henning Sembritzki
    Simon Solberg | Oliver Sproll
    Katja Stockhausen | Jan Viethen

Regie ::
    Theodoros Terzopoulos
Raum ::
    Jannis Kounellis
Kostüm ::
    Giorgos Patsas
Musik ::
    Panagiotis Velianitis
Licht ::
    Ulrich Eh
Dramaturgie ::
    Frank M. Raddatz
Dramaturgiehospitanz ::
    Johanna Teichmann

König Ödipus

von Sophokles,
übertragen von
Friedrich Hölderlin

Ödipus ::
    Götz Argus
Teiresias ::
    Peter Harting
Kreon ::
    Christian Holdt
Iokaste ::
    Marianne Hoika
Bote ::
    Georg Marin
Diener ::
    Dieter Prochnow
Chor ::
    Selda Akhan | Christina Beyerhaus
    Nina Dipla | Rebecca Engel
    Conny Schmid | Anja Schörnig
    Tina Seydel | Katja Stockhausen
    Sebastian Muskalla | Christian Onciu
    Simon Solberg | Oliver Sproll
Stimme ::
    Claudia Burckhardt

Regie ::
    Tadashi Suzuki
Raum ::
    Jannis Kounellis
Kostüm ::
    Yoshi'o Yabara
Lichtmitarbeit ::
    Michitomo Shiohara / Ulrich Eh
Dramaturgie ::
    Frank M. Raddatz
Assistentin des Regisseurs ::
    Toshiko Takeuchi
Assistent des Kostümbildners ::
    Gregor Klages
Regiehospitanz ::
    Katrin Sievers
Dramaturgiehospitanz ::
    Sabrina Lenzen

Sieben gegen Theben

von Aischylos,
in einer Neuübertragung
von Durs Grünbein

Eteokles ::
　Wolfram Koch
Bote ::
　Fatih Cevikkollu
Ismene ::
　Daniela Kiefer
　Brigitte Hobmeier
Antigone ::
　Esther Hausmann
Ödipus ::
　Götz Argus
Chor ::
　Selda Akhan
　Claudia Burckhardt
　Şiir Eloğlu
　Marianne Hoika
　Marja Krings
　Lisa Schell
　Anja Schörnig
　und Wächter

Regie ::
　Valery Fokin
Raum ::
　Jannis Kounellis
Kostüme/Ausstattung ::
　Alexander Borovski-Brodskiy
　Oxana Yarmolnik
Musik ::
　Andrei Gorbachev
Choreographie ::
　Nikolay Androsov
Licht ::
　Ulrich Eh
Dramaturgie ::
　Frank M. Raddatz
Assistentin des Regisseurs/Dolmetscherin ::
　Natalia Kalmykova
Musikmitarbeit ::
　Klaus-Lothar Peters
Choreographiemitarbeit ::
　Friederike Betz
Regiehospitanz ::
　Susanne Cissek

Antigone

von Sophokles,
übertragen von Friedrich Hölderlin
in der Bearbeitung von Martin Walser

Antigone ::
　Esther Hausmann
Ismene ::
　Brigitte Hobmeier
Kreon ::
　Horst Mendroch
Wächter ::
　Martin Schneider
Haimon ::
　Christoph Luser
Teiresias ::
　Ernst Alisch
Bote ::
　Fatih Cevikkollu
Euridice ::
　Lisa Schell
Chor ::
　Alexander Ebeert | Winfried Küppers
　Markus Danzeisen | Şiir Eloğlu
　Karzan Osman | Lisa Schell
　Ahmed Tahir
　und Chor der Imigranten

Regie ::
　Anna Badora
Raum ::
　Jannis Kounellis
Kostüme ::
　Florian Etti
Klangkunst ::
　Bill Fontana
Licht ::
　Ulrich Eh
Choreographie ::
　Thomas Stache
Dramaturgie ::
　Rita Thiele
Chortraining ::
　Bernd Freytag
Leitung Migrationsprojekt ::
　Lisa Schell
Softwareentwicklung ::
　Alberto de Campo/ Julian Rohrhuber
Regieassistenz ::
　Adam Nalepa/Daniel Rademacher
Regiehospitanz ::
　Tanja Brügger
Kostümhospitanz ::
　Antje Spohr

Textnachweise ::
Die Texte von Etel Adnan, Jan Assmann, Valery Fokin, Frank Raddatz und
Wolfgang Storch, ebenso die Gespräche zwischen Jannis Kounellis und
Frank Raddatz und zwischen Anna Badora und Manfred Weber sind Originalbeiträge.

Der Text von Etel Adnan ist leicht gekürzt.

Der Text von Tadashi Suzuki zu seiner Inszenierung in Shizuoka 2000 erschien
englisch in der Broschüre des Shizuoka Performing Arts Center zu den
Inszenierungen zu *Electra, Oedipus Rex* und *Dionysos (The Bacchae)*.
Der Text zu seiner Düsseldorfer Inszenierung ist dem Manuskript zu seinem
Vortrag „Die Kunst des Schauspielers" entnommen, gehalten im Düsseldorfer
Schauspielhaus am 24. März 2002.

Der Text von Theodoros Terzopoulos „Der Chor, der Körper und die Sprache"
ist dem Band *Theodoros Terzopoulos and Attis Theatre* entnommen, erschienen
bei AGRA Publications Athens in griechisch 2001, in englisch 2002.

Übersetzungen ::
Marina Achenbach übersetzte den Text von Valery Fokin,
Tomonari Maeda die *Notiz zur Inszenierung in Düsseldorf* von Tadashi Suzuki
Klaudia Ruschkowski den Text von Etel Adnan, die *Notiz zur Inszenierung
in Shizuoka* von Tadaschi Suzuki und den Text von Theodoros Terzopoulos.

Bildnachweise ::
Die Zeichnungen von Jannis Kounellis entstanden während der Besprechungen
mit den Regisseuren.

Manolis Baboussis photographierte die Räume zu allen vier Inszenierungen
und die Aufführungen von *König Ödipus, Sieben gegen Theben* und *Antigone*.

Johanna Weber photographierte die Aufführung von den *Bakchen*.

Parallel zu der deutschen Ausgabe erscheint eine englische Ausgabe.

Typographie ::
Lambert und Lambert, Düsseldorf

Gesamtherstellung ::
Druckerei Heinrich Winterscheidt GmbH, Düsseldorf

© Copyright 2002 ::
Düsseldorfer Schauspielhaus,
Richter Verlag Düsseldorf und Autoren

ISBN 3-933807-73-5